THOMAS MERTON
E A TEOLOGIA DO VERDADEIRO EU

Dados Internacionais de Catalogação na Publicação (CIP)
(Câmara Brasileira do Livro, SP, Brasil)

Perissé, Nilson
  Thomas Merton e a teologia do verdadeiro eu / Nilson Perissé. – Petrópolis, RJ : Vozes, 2024.
  Bibliografia.

  1ª reimpressão, 2024.

  ISBN 978-85-326-6706-9

  1. Cristianismo 2. Deus (Cristianismo) 3. Merton, Thomas, 1915-1968 4. Sujeito 5. Singularidades 6. Teologia I. Título.

23-169630   CDD-230

Índices para catálogo sistemático:
  1. Teologia : Cristianismo 230

Eliane de Freitas Leite – Bibliotecária – CRB 8/8415

Nilson Perissé

THOMAS MERTON

E A TEOLOGIA DO VERDADEIRO EU

Petrópolis

© 2024, Editora Vozes Ltda.
Rua Frei Luís, 100
25689-900 Petrópolis, RJ
www.vozes.com.br
Brasil

Todos os direitos reservados. Nenhuma parte desta obra poderá ser reproduzida ou transmitida por qualquer forma e/ou quaisquer meios (eletrônico ou mecânico, incluindo fotocópia e gravação) ou arquivada em qualquer sistema ou banco de dados sem permissão escrita da editora.

CONSELHO EDITORIAL

Diretor
Volney J. Berkenbrock

Editores
Aline dos Santos Carneiro
Edrian Josué Pasini
Marilac Loraine Oleniki
Welder Lancieri Marchini

Conselheiros
Elói Dionísio Piva
Francisco Morás
Gilberto Gonçalves Garcia
Ludovico Garmus
Teobaldo Heidemann

Secretário executivo
Leonardo A.R.T. dos Santos

PRODUÇÃO EDITORIAL
Aline L.R. de Barros
Marcelo Telles
Mirela de Oliveira
Otaviano M. Cunha
Rafael de Oliveira
Samuel Rezende
Vanessa Luz
Verônica M. Guedes

Conselho de projetos editoriais
Isabelle Theodora R.S. Martins
Luísa Ramos M. Lorenzi
Natália França
Priscilla A.F. Alves

Editoração: Andrea Bassoto Gatto
Diagramação: Sheilandre Desenv. Gráfico
Revisão gráfica: Heloísa Brown
Foto da capa: Thomas Merton Center

ISBN 978-85-326-6706-9

Este livro foi composto e impresso pela Editora Vozes Ltda.

Cada um encontra o bem próprio, aderindo ao projeto que Deus tem para ele a fim de o realizar plenamente: com efeito, é em tal projeto que encontra a verdade sobre si mesmo e, aderindo a ela, torna-se livre.
Papa Bento XVI, *Caritas in Veritate.*

Oxalá consigas identificar a palavra, a mensagem de Jesus que Deus quer dizer ao mundo com a tua vida.
Papa Francisco, *Gaudete et Exsultate.*

Sumário

Apresentação, 9

Agradecimentos, 11

Prefácio, 17

1 Fragmentos da vida de Thomas Merton – Conflitos entre o verdadeiro eu e o falso eu, 27
    Introdução, 27
    Um espírito inquieto, 28

2 O verdadeiro eu e o falso eu, 43
    Introdução, 43
    A construção do sujeito, 44
    Uma aventura que começa divina, mas que se torna demasiadamente humana, 46
    O falso eu, 53
    O verdadeiro eu, 62

3 Peregrinação do falso ao verdadeiro eu – O trabalho sobre o falso eu, 73
    Introdução, 73
    Um falso eu que perde sua força por meio de desconstruções da persona e do desapego, 76
    O trabalho com a sombra, 85

4 Peregrinação do falso ao verdadeiro eu – O trabalho sobre o verdadeiro eu, 95

    Introdução, 95

    Raízes da alienação perante Deus, 98

    A experiência contemplativa, 104

    Negar o modelo cartesiano de sujeito pensante, 110

    Avançando na experiência contemplativa, 113

    Silêncio e solidão, 114

    A oração, 119

    Oração contemplativa: a contemplação pré-experiencial, 131

    Oração contemplativa: a contemplação infusa, 134

    O ponto virgem, 138

5 Para onde nos leva o verdadeiro eu, 143

    Introdução, 143

    Nascer de novo, 145

    Contemplação e ação, 152

Fim – Um ponto de chegada que não delimita um fim, mas o início de uma nova aventura, 157

    Introdução, 157

    A busca que não termina aqui, 159

    Contemplativos, nós?, 163

Referências, 169

Apresentação

Caí na armadilha do autor, Nilson Perissé, ao aceitar o convite para apresentar esta obra: meu ego vaidoso – o "falso eu", como veremos – passa então, por meio desta breve apresentação, a integrar esse livro tão necessário quanto bem escrito.

O texto que temos nas mãos foi devotamente rezado, exaustivamente revisado e sabiamente ampliado, com o fim último de entregar ao leitor uma pesquisa sólida e inédita no Brasil sobre um dos principais e mais sofisticados conceitos aprimorados por Thomas Merton em sua vasta bibliografia: o Verdadeiro Eu.

Foi em 2019 meu primeiro contato com a versão original desta investigação, ainda em formato acadêmico. Acompanhei seu crescimento e com orgulho vejo a maturidade atingida. Trata-se de um trabalho que foi lentamente gestado em estreito contato com as atividades desenvolvidas pela Associação Thomas Merton. Tanto a participação do autor nos retiros pregados por Dom Bernardo Bonowitz a partir de 2015, como a condução do seu Grupo de Leitura Partilhada, foram determinantes para o aprofundamento do tema.

São raras as produções brasileiras que se debruçam mais detidamente sobre o tema do "Verdadeiro Eu" e, mais, sobre uma Teologia que venha tratar de suas especificidades de forma integrada, daí meu esforço em valorizar o autor pela inspiração alcançada e a transpiração decorrente. Suas reflexões são fruto da relação fraterna com Thomas e com os que amam Merton: aprendizagem e ensino refletidos na riqueza das experiências mertonianas que transbordam nas páginas a seguir. Afinal, como seria possível falar da vida interior sem falar um pouco de si mesmo?

O prefácio, os cinco capítulos e o epílogo são tudo aquilo que andávamos a buscar sem saber onde encontrar. Tudo de mais relevante na cativante escrita de Thomas Merton – que tanto nos ajuda a entender nossa nudez espiritual e a amar com amor puro – foi aqui reunido, comentado e desenvolvido para que possamos atingir a razão da vida: recuperar plenamente a semelhança divina (nosso Verdadeiro Eu), ser Um com Deus e estar com Ele identificado.

Que o presente livro ilumine o caminho de descida que leva ao coração e às profundezas da nossa interioridade. Confiando no esforço do Nilson e na experiência de Merton, possamos encontrar aquele ponto vazio e intocado pela ilusão que pertence inteiramente a Deus, o point-vierge, o centro de nosso ser, onde encontramos o Verdadeiro Eu.

Boa leitura!

Cristóvão de Sousa Meneses Júnior
Presidente da Associação Thomas Merton

Agradecimentos

Em momentos decisivos, tive o prazer de me aproximar de três grandes pensadores distintos, cada qual no seu tempo propício: Jung, na década de 1990, Freud nos anos 2000, e Thomas Merton em meados dos anos 2010. Embora sejam autores com visões distintas do ser e do mundo e apesar de chamarem a atenção para aspectos diferentes dessa interação, sempre tiveram bom relacionamento em minha psique, e até hoje ajudam a modular minha forma de ver, julgar e agir.

Aproximei-me de Thomas Merton nos anos da maturidade. Eu frequentava a Igreja Católica em 2015, participava de um grupo de meditação cristã e recebia orientação espiritual de Frei Abelardo Oliveira, padre da Ordem dos Frades Menores Capuchinhos. Naquele ano tomei conhecimento do novo Retiro da Sociedade dos Amigos Fraternos de Thomas Merton (SAFTM), que teria como tema a obra "As Moradas", de Santa Teresa de Ávila.

Esse retiro foi um divisor de águas. Não apenas pela qualidade das ideias de Santa Teresa como por me deparar novamente com Thomas Merton, cuja única referência que eu tinha até então consistia na leitura do livrinho *Que livro é este?* (Merton, 1975a), breve introdução à leitura das Escrituras. A experiência do Retiro me proporcionou o contato com Cristóvão Meneses, que havia ocupado a presidência da SAFTM, e que, com entusiasmo, buscava manter viva a obra mertoniana junto ao público brasileiro. Tive também a alegria de rever como conferencista Dom Bernardo Bonowitz[1], a quem eu assistira anteriormente em janeiro de 2003 palestrando sobre *A dimensão contemplativa do Evangelho* junto com Dom Thomas Keating. No Retiro de 2015, na banca de livros à venda, tive em mãos a coletânea "Mertonianum 100" com a transcrição das conferências que Dom Bernardo Bonowitz fizera no Retiro do ano anterior, cujo tema fora *Mastigando as sementes de contemplação* e que teve por base o livro *Novas sementes de contemplação* (2017), de Thomas Merton. Dom Bernardo abordou, naquelas palestras, o conceito de verdadeiro e falso eu de Merton, tema que, à sua maneira, evocou alguns aspectos do que eu já vinha lendo em Jung e Freud há alguns anos.

Meses depois, passando por uma banca de livros usados no Centro do Rio, deparei-me com uma versão de *A montanha dos sete patamares* (1997)[2], até hoje uma das mais conhecidas obras de Merton. Comprei o livro e naquela noite postei em minha rede social: "Buscamos os livros ou os livros nos buscam?".

Pouco a pouco, Merton passou a ser um autor frequente em leituras, assim como foi ganhando corpo meu vínculo com a Igreja, a ponto de me animar a voltar à sala de aula em 2016 para encarar uma segunda e tardia graduação – desta vez, um bacharelado em Ciências Religiosas, da Arquidiocese do Rio de Janeiro. Foi, portanto, uma consequência natural mergulhar na fecunda obra

---

1. Dom Bernardo Bonowitz é monge da Ordem Cisterciense de Estrita Observância desde 1982. Em 1996 foi eleito superior do Mosteiro Trapista Nossa Senhora do Novo Mundo, único mosteiro trapista da ordem no Brasil, onde permaneceu até 2020, após o qual retornou para os Estados Unidos. Autor de vários livros de espiritualidade monástica, é considerado uma grande referência de pastor e especialista em Thomas Merton pelo público brasileiro, tendo conduzido retiros pela Sociedade Thomas Merton de 1999 a 2018.

2. Embora não tenha sido o primeiro livro publicado por Merton, foi seu primeiro e mais duradouro *best-seller*, que o faria conhecido mundialmente.

mertoniana e escolher o conceito de verdadeiro e falso eu como tema para o Trabalho de Conclusão de Curso.

A perspectiva de pensar no conceito de verdadeiro eu segundo Thomas Merton como um passo muito além dos esforços da psicologia analítica e da psicanálise na sua busca da singularidade da pessoa, implicou uma prazerosa revisita a um conjunto de elaborações de autores como Freud e Jung, não numa vã e desnecessária proposta de conciliar o inconciliável[3], mas de buscar convergências que ajudassem a compreender a delicada elaboração mertoniana sobre a singularidade do ser que urge em ser vivenciada. Nos anos que seguiram à aprovação do texto como credencial para a conclusão do curso, o material foi ampliado com novas elaborações, pesquisas, discussões e debates em grupo, até tomar a forma que chegou na atual versão.

Por ter avançado até o formato em que agora se encontra, presto meus agradecimentos a tantas boas influências que recebi para a pesquisa e escrita, a começar, naturalmente, para Cristo Jesus que, de uma forma ou de outra, foi me guiando por um ambiente de meditação e pelos escritos de Thomas Merton.

Parte do prazer dessa experiência foi ser orientado pela Profa. Dra. Maria Aldice da Silva de Attayde, profissional experiente e amável amiga, a quem agradeço por ter me propiciado a liberdade de seguir com Merton sem o estabelecimento de limites ou ressalvas, em atitude confiante de que algo de útil poderia ser escrito a partir de uma obra tão vasta e valiosa.

Sou igualmente grato ao corpo docente do Instituto Superior de Ciências Religiosas, cujo idealismo e desprendimento tem possibilitado a manutenção de um campo de estudos teológicos de

---

3. A começar pelo fato de que Freud era ateu e Jung nunca se posicionou como crente em Deus como Pessoa conforme o catolicismo o concebe.

alto nível e, com ele, a possibilidade de empoderar os alunos em seu trabalho pastoral.

Agradeço aos irmãos de fé que frequentaram e ao que frequentam minhas catequeses de Iniciação Cristã, que foram e continuam sendo para mim faces diferentes do Cristo em minha vida.

Agradeço aos colegas da antiga Sociedade dos Amigos Fraternos de Thomas Merton, hoje Associação Thomas Merton, pelo esforço de manter Merton divulgado e discutido em nossas terras, possibilitando que seus ricos *insights* iluminem a consciência do cristão contemporâneo brasileiro. Especial gratidão ao amigo fraterno Cristóvão Meneses, sem sombra de dúvida o grande e incansável incentivador para que fosse vencida a inércia e a procrastinação, fazendo-me revisitar e aprofundar o texto, remodelar partes mal resolvidas e readequar o estilo. Também veio dele a proposta de realizarmos juntos em 2022 uma "live" sobre *Thomas Merton e a teologia do verdadeiro eu*, que já obteve quase duas mil visualizações no YouTube e que trouxe a percepção do interesse geral pelo tema.

Agradeço a Catarina Fogas, Lucas Lourenço, Mariana Pizarro, Maycon Marllon, Penha Cristina Gomes Costa e Valéria Carvalho, colegas do grupo "Escadas para uma Vida Contemplativa" (mais um recurso disponibilizado pela Associação TM), e do grupo de Meditação Cristã, ambos grupos de crescimento com que, semanalmente, procuro debater livremente o pensamento de Merton e exercitar uma prática de oração contemplativa.

Nesse âmbito dos amigos de percurso pelas estradas católicas, também manifesto gratidão ao Padre Ronnie Diniz, provincial da Congregação dos Missionários do Sagrado Coração, que me estimulou quase diariamente a avançar no processo de reescrita e revisão de texto, e que também me acompanha semanalmente nos progressos da pedagogia de fé que desenvolvo com meus crismandos. Agradeço ao editor Welder Lancieri Marchini e a toda a equipe da Editora Vozes pela paciência, apoio e incentivo prestados, e ao professor da Universidade São Francisco Sandro Silva Araujo pelo constante incentivo a novas *lives* mertonianas. E nesse campo de esforços colaborativos, importante prestar reconhecimento aos Drs. Paul Pearson e Mark Meade, do Thomas Merton Center, pela gentil concessão de direitos de uso da foto de capa deste livro.

Agradeço ainda à minha esposa Súsy e aos filhos Bárbara, Luísa e Daniel pela compreensão sobre as tantas horas de leitura, pesquisa e estudos que me transportaram do ambiente doméstico para os lugares invisíveis da espiritualidade.

Por fim, sou também grato ao próprio Thomas Merton, cujas palavras incentivam seus leitores a buscar sua vocação enquanto cristãos batizados e cuja presença em minha vida por meio de seus livros o torna, de fato, um amigo fraterno. Afinal, desde então – citando Maria Luísa Lopez Laguna –, "um Merton vivo e próximo ficou habitando dentro de mim" (Laguna, 2010, p. 26).

Prefácio

Nas profundezas do coração humano há uma voz que diz: "Você precisa nascer de novo". É a exigência obscura mas insistente de sua natureza para se transcender na liberdade de uma identidade pessoal, integrada, autônoma (Merton, 2004a, p. 204).

"Antes mesmo de te formar no ventre materno, eu te conheci; antes que saísses do seio, eu te consagrei" (Jr 1,5). Assim o profeta Jeremias reproduz o que teria sido um enigmático pronunciamento de Deus. Segundo a *Bíblia de Jerusalém*, **conhecer**, da parte do Senhor, equivale a **escolher** e **predestinar**, o que sugere a ideia de que Deus já tinha planos específicos para Jeremias antes que este nascesse.

Paulo Apóstolo seguiu essa linha de pensamento ao afirmar que Deus "me reservou **desde o seio de minha mãe** e me chamou pela sua graça para revelar seu Filho em minha pessoa" (Gl 1,15-16); "e nos escolheu nele **antes da criação do mundo**" (Ef 1,4). Perspectiva semelhante é apresentada no Salmo 139 (138): "Tu me teceste no ventre de minha mãe. Não ficaram escondidos de ti os meus ossos, quando eu era formado em segredo, tecido nas entranhas da terra. Teus olhos me viram ainda informe, e no teu livro já eram escritos todos os meus dias; eram já desenhados quando nenhum deles ainda existia" (Sl 139(138),13.15-16).

Essas assertivas, que compõem uma sabedoria milenar que orienta, influencia e ainda debate com a contemporaneidade, remetem, por abrangência, à instigante ideia de que o Senhor nos conhece a todos antes mesmo de termos nascido.

No entanto, pelos parâmetros humanos, uma pessoa se forja no decorrer de sua história e do percurso que desenvolve na vida a partir de suas escolhas e de suas circunstâncias. Sua identidade é estabelecida com base em sua formação, sua atividade profissional, as características de sua inserção social, sua rede de relacionamentos, o lugar onde mora e, numa perspectiva de mercado, por seu poder de compra. Ainda assim, as psicologias[4] denunciam esse perfil de homem como sendo a pálida imagem de um ser em sua superfície, não raro alheio a quem ele realmente é, criatura que, apesar de dispor de um currículo e de uma história civil, se apresenta, sob o ponto de vista psicológico, um desconhecido de si mesmo, e, numa perspectiva espiritual, um eterno devedor quanto à manifestação de sua própria identidade divina.

Em 1953, um livro de referência na área da psicologia foi publicado nos Estados Unidos sob o título de *O homem à procura de si mesmo* (1978), obra que continua em catálogo até os dias de hoje, inclusive no Brasil. Seu autor, Rollo May, renomado escritor do campo da psicologia existencialista, preocupava-se, já na década de cinquenta do século passado, em analisar o vazio identitário do homem contemporâneo e seu absoluto desconhecimento de si. A surpreendente atualidade de seu texto se ancora no fato de que a inquietação do ser acerca de seu descolamento em relação à própria singularidade persiste como um traço da condição humana, premissa que pode ser rastreada até as discussões levantadas

---

4. Embora haja um entendimento de grande parte dos psicanalistas de que a psicanálise não se inclui no campo da psicologia, para maior fluência deste texto usa-se "as psicologias" num sentido abrangente, apoiado no fato de que, embora tenham concepções teóricas, propostas e protocolos de tratamento diferenciados, psicanálise e psicologia analítica e outras têm em comum a legitimação acadêmica de serem campos de conhecimento e de prática clínica que buscam contribuir para o reposicionamento da pessoa consigo mesma e com o outro.

primaramente por Sigmund Freud e Carl Gustav Jung no fim do século XIX e início do século XX.

Por sinal, esses dois estudiosos do comportamento humano, apenas para citar alguns grandes nomes desse campo, construíram suas bases teóricas na hipótese de um ser humano alienado de si próprio e condicionado à sua biologia ou ao discurso social, cabendo ao processo analítico fazê-lo despojar-se de uma identidade socialmente "fabricada", manter contato com sua originalidade e encontrar as mediações possíveis para conciliar o "estar" em coletividade no mundo com seu desejo fundamental, desejo esse que, em si, seria a melhor representação de sua essência.

Nem as indicações bíblicas nem as preocupações das psicologias passaram indiferentes ao monge trapista naturalizado norte-americano Thomas James Merton (1915-1968), que teve razoável contato com o material de Freud e Jung, empolgou-se com pós-freudianos como Eric Fromm e Karen Horney, porém não ficou menos instigado com as elaborações de religiosos como São Bernardo, Mestre Eckhart, Duns Scotus, São João da Cruz, Santo Agostinho e outros que não dissociaram o enigma humano de sua relação com Deus. Apoiado em suas ideias e em sua própria experiência pessoal, ele sustentou a ideia da existência de um *verdadeiro eu* (*true self*) e um *falso eu* (*false self*), compondo uma espécie de teologia elaborada a partir de uma perspectiva espiritual que percebe a condição humana como objeto de duas alienações:

• a alienação da pessoa em relação a si mesma por conta de mediações que precisa fazer na sua relação com a vida social e na busca de sua integração a uma dada cultura e a um dado tempo, ainda que ao preço do distanciamento do que há de mais essencial em si;

• a alienação em relação a Deus, fruto da ilusão de que sua autenticidade pode ser descoberta e vivida a partir das suas próprias decisões e autodeterminações, de maneira isolada e independente da criação e de sua imbricação identitária com o próprio Criador.

Na perspectiva de Merton, o falso eu – que reflete, em grande parte a forma como percebemos a camada externa de nossa personalidade – é uma produção social. Não tem sua própria voz e ressoa a voz de uma coletividade. Tem objetivos que são projetados por pessoas que exercem influência sobre nós ou pela própria cultura onde nos inserimos, e é fruto de tantos condicionamentos externos que acabamos não tendo contato – ou mesmo desconhecendo – nossa própria interioridade, que jaz oculta em meio a variadas camadas identitárias. Vestidos com essa "pele social", vivemos como um outro que não tem raiz em nossa própria verdade, o que torna esse outro, portanto, falso.

O verdadeiro eu, por sua vez, é a pessoa que somos perante Deus, a pessoa a qual estamos destinados a ser, algo muito aderente à ideia apresentada em Jeremias: aquele que estávamos predestinados a ser antes mesmo de termos nascido. Ou, como evoca o Papa Francisco em sua exortação apostólica de 2018, um verdadeiro eu materializado num projeto de Deus que precisa ser refletido e encarnado.

Que sensações contraditórias a pessoa experimenta em si na dualidade existencial do falso eu e do verdadeiro eu? No vocabulário de Merton, palavras como "sentimento de inautenticidade", "vivência de uma mentira", "angústia indefinível" são formas de traduzir esse conflito interior. Se Freud evoca um constante mal-estar que caracteriza o homem alienado de si, Merton falará de um temor existencial, um senso de insegurança, um incômodo que leva a pessoa a se sentir perdida, no exílio e no pecado; um estranhamento motivado pela sensação de traição à sua mais íntima verdade. Enfim, como diz ele, a angústia decorrente da vivência de uma mentira viva (Merton, 2018).

Num processo semelhante aos conflitos intrapsíquicos que Freud mapeará entre ego, superego e id, ou Jung traduzirá como embates entre self, sombra e persona, Merton falará do desconforto do falso eu diante da presença, dentro de nós, de um outro eu, estranho e perturbador, um eu que não é inteiramente bem-vindo na sua própria casa por ser muito diferente do personagem cotidiano que construímos a partir de nossas relações com os outros – e de nossa infidelidade a nós mesmos (Merton, 2004a). Podemos tamponar esses conflitos por meio de próteses temporárias, buscando, na vida comum, sucesso profissional, trabalho compulsivo, riqueza, prazeres diversos e substâncias anestesiantes, ou, no âmbito religioso, uma submissão fiel a determinadas disciplinas, devoções e restrições morais. Mas podemos, alternativamente, fazer um caminho contrário, e nos debruçar cuidadosamente sobre as complexidades que cercam nosso mistério identitário. Ver na angústia provocada pela alienação ao nosso verdadeiro eu uma oportunidade de descortinar um campo totalmente novo para a existência.

Em 1949, numa de suas primeiras obras, aos 34 anos de idade, Merton já questionava: o que é a nossa real identidade? E ele mesmo responde: é aquilo que realmente sois, vosso eu real. Nenhum de nós é aquilo que pensa que é, ou o que as outras pessoas pensam que somos, e ainda menos o que nosso passaporte diz (Merton, 1957). Esse fragmento presente tão precocemente no início de sua longa obra já mostra uma visão antropológica de ser humano como um sujeito tomado por um desconhecimento fundamental. Ele manterá esse conceito em seu radar até a morte em 1968, como mostra o trecho de uma carta que escreveu para Dom Francis Decroix em 1967: "se pelo menos começássemos a reconhecer, humildemente, mas verdadeiramente, o valor real de nosso próprio eu, nós veríamos que esse valor é o sinal de Deus em nosso ser, a assinatura de Deus em nosso ser" (Shannon, 2011, p. 157). A convicção da importância desse debate fará com que

Anne E. Carr (1988, p. 5) autora de *A search for wisdom & spirit: Thomas Merton's theology of the self*, defenda que o problema do eu é uma questão central no pensamento do autor, e que, no conjunto geral, sua obra teria elaborado o que ela chama de "uma simbólica teologia do verdadeiro eu".

Carr não está sozinha nesse pensamento. Daniel Horan, frade franciscano, teólogo e especialista na espiritualidade de Merton, diz que a ânsia por compreender e viver o verdadeiro eu não é simplesmente **uma ideia entre outras** para Merton. Para ele, das muitas contribuições que o autor fez à espiritualidade católica no século XX, o conceito de verdadeiro eu é possivelmente a mais famosa (Horan, 2014). James Finley, que viveu por algum tempo no mosteiro trapista da Abadia de Gethsemani, e que teve Merton como seu diretor espiritual, dedicou um livro inteiro para refletir sobre esse mesmo tema, e ali argumenta que toda a espiritualidade de Merton, de uma forma ou de outra, gira em torno da questão da identidade humana última (Finley, 1992).

Carr defende ainda que as reflexões de Merton sobre o eu endereçam algumas das mais profundas necessidades dos cristãos contemporâneos e, de fato, as mesmas perguntas essenciais que atravessaram e nortearam a caminhada do autor ao longo de sua vida nos seduzem, nos assombram, nos instigam e estão na centralidade de nossas grandes inquietações. É Merton quem as vocaliza:

> Quem sou eu? [...] Estarei certo de que o sentido de minha vida é o sentido planejado para mim por Deus? Será que Deus impõe um sentido à minha vida por fora através do acontecimento, do costume, da rotina, da lei, do sistema, do impacto com outros na sociedade? Ou sou eu chamado a criar por dentro, com Ele, com sua graça, um sentido que irradie sua verdade e me torne sua "palavra" livremente pronunciada em minha situação pessoal? (Merton, 2018, p. 105).

Ele dedicará vida e obra a esses questionamentos, mas não só. Porque se puxarmos o fio da teologia do verdadeiro eu, vamos nos deparar com outro mistério intrinsicamente ligado: Deus. Para Merton, não há como encontrar e desenvolver o verdadeiro eu sem pensar de forma articulada num encontro com Deus, e é esse o caminho: descobrir a nós mesmos descobrindo a Deus. Se O encontrarmos, encontraremos a nós mesmos, e se encontrarmos nosso verdadeiro eu, encontraremos Deus (Merton, 2017). Não se trata, porém, de um encontro especulativo, filosófico, restrito ao campo das ideias. Conhecer Deus, para Merton, é uma experiência mística[5]: é avançar num mais-além do conceito e chegar a um encontro experiencial. É onde puxamos ainda mais o fio e chegamos a outro tema fundamental de sua obra: a contemplação, via de saída do falso eu e abertura para o encontro com o verdadeiro eu e com Deus. Isso significa trazer para o presente estudo temas complexos como o eu interior, Deus e a via contemplativa, sem o que falar em verdadeiro eu se restringiria ao campo das psicologias.

Merton é um buscador que peregrinou por múltiplos caminhos, e que julgou oportuno trazer suas intuições para o alcance de seus leitores. Sua volumosa produção é extraordinária, e como se não bastasse, já são muitos os estudiosos que se especializaram em seu pensamento, produzindo obras igualmente importantes[6].

---

5. Trabalhamos aqui com o conceito de experiência mística conforme apresentado por Maria Clara Bingemer (2022): "uma consciência da presença divina, percebida de modo imediato, em atitude de passividade, e que se vive antes de toda análise e de toda formulação conceitual. Trata-se da vivência concreta do ser humano que se encontra, graças a algo que não controla ou manipula, frente a um mistério ou uma graça misteriosa e irresistível, que se revela como alteridade pessoal e age amorosamente, propondo e fazendo acontecer uma comunhão impossível segundo os critérios humanos e que só pode acontecer por graça. Esta experiência [...] é, no entanto e fundamentalmente, experiência de relação" (p. 32).

6. Serão visitados aqui não apenas pensadores brasileiros, como Sibélius Cefas Pereira, Getúlio Bertelli e Faustino Teixeira, como também pesquisadores reconhecidamente especializados no pensamento de Merton e nunca – ou pouco – publicados no Brasil, entre eles Ann. E. Carr, James Finley, Patrick Hart, Daniel P. Horan, Jonathan Montaldo, Anthony T. Padovano, William H. Shannon, M. Basil Pennington entre outros, o que possibilita que este livro, de alguma forma, contribua para que suas reflexões sejam de conhecimento do público brasileiro.

Assim, visitaremos não apenas o monge trapista, como também boa parte daqueles que vêm interpretando e ampliando as intuições contidas em sua obra e que procuram organizar, a seu modo, as "sementes de informação" sobre a teologia do verdadeiro eu que ele espalhou no solo de sua produção intelectual. Com isso esperamos ampliar em nossas terras um debate obrigatório para todos aqueles que veem em Thomas Merton um farol para suas próprias peregrinações na direção de si próprios.

Cabe, porém, nestas páginas introdutórias, observar que, pela abertura intelectual que era uma marca em Merton, suas pesquisas o fizeram navegar por vários mares, e não faltarão leitores que se ressentirão da ausência de articulações mais profundas entre o verdadeiro eu e o conceito de self em Jung; ou citações aos conceitos de verdadeiro e falso eu em Winnicott; ou referências ao conceito de autenticidade em Kierkegaard, além de outras inúmeras intuições que Merton obteve a partir de vários nomes da mística cristã ou do Zen. A proposta, no entanto, é fazermos juntos um percurso não exaustivo, sem preocupação com erudição ou profundidade acadêmica, o que é sempre uma oportunidade e um risco: há o risco de simplificar demais algo que é profundo, levando a uma reflexão rasa acerca do pensamento do autor, mas há a oportunidade de que a simplicidade do texto alcance quem não mergulharia nessas ideias se a proposta não fosse introdutória. Resta a esperança de que, a partir desta leitura, o leitor se sinta estimulado a mergulhos mais profundos na literatura especializada das psicologias, da filosofia, do pensamento zen-budista e da mística.

Por fim, vale encerrar estas primeiras reflexões com o próprio Merton: "Eu – e todas as pessoas no mundo", diz ele, "devo dizer: 'Eu tenho meu próprio destino especial e peculiar que ninguém mais teve ou jamais terá. Existe para mim um objetivo particular, uma realização que deve ser toda minha [...] Porque o meu próprio destino individual é um encontro, um encontro com Deus que Ele destinou somente a mim. Sua glória em mim será receber de mim algo que Ele jamais poderá receber de qualquer outra pessoa'" (Daggy, 1989, p. 22).

Acompanhar a singular aventura desse homem poderá nos trazer intuições sobre nossa própria busca por uma vida mais autêntica e enraizada na Palavra Divina que há em nós. Enriquecendo-nos com suas descobertas, seremos convidados a escrever de maneira qualificada nossas próprias histórias e a nos maravilhar com nossos próprios e singulares achados.

1
Fragmentos da vida de Thomas Merton

Conflitos entre o verdadeiro eu e o falso eu

Nossa verdadeira viagem na vida é interior:
é uma questão de crescimento, de aprofunda-
mento e de uma entrega sempre maior à ação
criadora do amor e da graça em nossos corações
(Merton, 1978, p. 22).

Introdução

Raymond Bailey, autor de *Thomas Merton On Mysticism* (1975), um ensaio sobre o monge trapista e suas conexões com a mística, reflete que narrativas que avançam por camadas mais profundas da experiência espiritual são inevitavelmente autobiográficas, já que conceituações objetivas e pragmáticas não dão conta de descrever algo que excede as palavras. Coerente com essa premissa, segundo ele, a produção teórica de Thomas Merton é construída em grande parte de sua experiência pessoal, que ele primeiramente registra em seus diários e depois elabora em sua obra, o que, em última análise, a configura como uma extensa autobiografia espiritual.

Nada mais propício, pois, que, antes de nos aventurarmos numa reflexão mais conceitual sobre a teologia do verdadeiro eu, identifiquemos a dinâmica e os tensionamentos do verdadeiro e falso eu na própria jornada de Merton, não por meio de um extenso exame de sua biografia, mas fazendo uso de alguns fragmentos que sirvam como uma visada ilustrativa e aquecimento teórico. Interessa-nos aqui sublinhar mais particularmente o quanto a singular e habitual angústia do homem reflete uma luta interna na qual o eu social e o verdadeiro eu se enfrentam na arena do cotidiano. Assim aconteceu com Merton.

Um espírito inquieto

Em sua obra *A Divina Comédia*, Dante Alighieri descreve o purgatório como um espaço intermediário entre o inferno e o céu, na forma de uma montanha composta por círculos ascendentes formando sete patamares. Cada patamar representa um dos sete pecados capitais (orgulho, inveja, ira, preguiça, avareza, gula e luxúria). Inspirado nessa imagem, Merton dá título ao seu livro publicado nos Estados Unidos em 1948, *A Montanha dos Sete Patamares*, que pode ser lido como uma autobiografia espiritual, muito comparada por alguns críticos às *Confissões* de Santo Agostinho. São dessas "confissões" de Merton que extrairemos o fio narrativo deste capítulo[7].

Quando da sua publicação em 1948 (no Brasil haveria uma primeira tradução em 1952), Merton contava com 33 anos. A narrativa aborda sua vida num período que parte da sua infância e o acompanha até as primeiras experiências como monge trapista na Abadia de Nossa Senhora de Gethsemani, em Kentucky, Estados Unidos. Seu relato se assemelha a um romance de formação, gênero literário que mostra o percurso de um personagem e abrange suas aventuras e acidentes até chegar a um momento de

---

7. Para o leitor interessado na trajetória detalhada de Merton, é recomendável a leitura completa de sua autobiografia. Adicionalmente, podem ser apreciadas em língua portuguesa obras que também se aproximam dessa finalidade, como Forest (2018), Laguna (2010), Ismael (1984) e Souza e Silva (1997). Uma robusta biografia, infelizmente não traduzida para o português, merece destaque: Mott (1993).

amadurecimento. É obra com muitos méritos, um dos quais – para o leitor contemporâneo de Merton – o de proporcionar uma compreensão da formação e da gênese do que viria a ser uma sólida obra composta por cerca de 70 trabalhos publicados, todos no campo da espiritualidade e da crítica social.

A Montanha dos Sete Patamares, cuja narrativa termina poucos anos depois da entrada de Merton para a Ordem Cisterciense, começa por um caminho oposto à descoberta de uma vocação: sua incompatibilidade com a Igreja Católica. De seu avô recebera orientações para suspeitar dos católicos e, quando jovem, sua relação com a religião era superficial. Por sinal, o jovem Merton era bastante parecido com os protagonistas masculinos dos romances de F. Scott Fitzgerald, especialmente o Amory Blaine de *Este Lado do Paraíso* (*This side of paradise*): ele é impetuoso, farrista, inquieto e apaixonado, portador, segundo suas palavras, de uma "complexidade pervertida por muitos apetites" (Merton, 1997, p. 284). Ao escrever sobre ele, o padre Henri Nowen assim o descreve como jovem: "Eis aí o jovem Merton! Com um sorriso distante, observa os concidadãos ao seu redor. O sarcasmo predomina nele" (Nowen, 1979, p. 25).

Toda a primeira metade de *A Montanha...* mostra esse típico jovem naturalizado norte-americano mais preocupado com viagens, aventuras e a exploração de sua sexualidade do que com sua própria experiência interior. Sua narrativa apresenta muito pouco do pensamento e da elaboração teológica que teria a sua primeira grande expressão na obra publicada em 1949, *Sementes de Contemplação*[8] (no Brasil, uma primeira tradução apareceria em 1955), onde os conceitos de verdadeiro e falso eu surgiriam com destaque pela primeira vez.

---

8. Conjunto de meditações de Thomas Merton sobre a vida espiritual, obra tida como uma contribuição moderna à tradição contemplativa. Anos depois, Merton reescreveria esse trabalho, lançando em 1962 a obra *Novas sementes de contemplação*, cuja edição de 2017 será usada aqui.

Interessante notar, porém, que, quando Merton publica sua autobiografia, já era um cristão convertido e monge trapista, e tinha boas condições para apresentar um livro de cunho mais espiritual. Ao optar por não fazê-lo e, ao invés, enfatizar sua experiência pessoal, abriu espaço para fazer o leitor conhecer o homem comum e sem criação religiosa que ele fora, chamando a atenção sobre como uma força interna poderosa e desconhecida pode atuar mesmo num indivíduo de vida profana e formação materialista, ao ponto de levá-lo à conversão e até mesmo a uma vida ordenada. Seria possível atribuir essa força poderosa ao verdadeiro eu, ou ao "Cristo que habita em mim", força impulsora que atravessa o tecido da realidade cotidiana e abre caminhos inesperados? Talvez Merton já pressentisse essa força ao escrever em seu texto: "Tinha de ser conduzido por um caminho que não compreendia ainda, deveria seguir um rumo muito além da minha livre escolha" (Merton, 1997, p. 345).

Antes da conversão, Merton é um jovem conflituoso consigo mesmo e que se culpa por viver "no torvelinho de anseios contraditórios" e a "malbaratar o tempo e devanear". Ele se inquieta por consumir seu tempo em atividades fúteis e com a escrita de romances ambiciosos, mas sem consistência. Apesar disso, essa inquietação não tem força suficiente para fazer frente às suas próprias conveniências: "Eu ainda estava interessado em fazer bem apenas a uma pessoa no mundo – a mim", confessa ele (1997, p. 182).

Sobre sua dimensão religiosa, ele admite que, ainda que admirasse a cultura católica, sempre tivera medo da Igreja. Esse medo aparece num passeio com seu amigo Robert Lax[9], quando,

---

9. Lax conheceu Merton na Universidade de Columbia, teve reconhecida influência em sua conversão ao catolicismo, visitou-o várias vezes na Abadia de Gethsemani, inclusive no dia de sua ordenação. Foi citado pelo escritor Jack Kerouac como uma das grandes vozes originais de nossos tempos, e reconhecido pelo *New York Times Book Review* como um dos maiores poetas experimentais da América.

aproximando-se acidentalmente de um colégio dirigido por frades franciscanos, foi convidado a entrar, porém resistiu e se recusou. Registrou mais tarde em suas memórias que temia encontrar-se com sacerdotes, que se sentia incomodado com a vida religiosa, com votos perpétuos, com a dedicação oficial a Deus, e, sobretudo, a cruz: "Havia cruzes demais", desabafa ele. Submisso a uma considerável resistência ao sagrado, ele mesmo se surpreende com o futuro que o aguardava e considera ser de admirar que tenha conseguido chegar "ao porto".

Merton insiste em ser bem detalhista na descrição da fase anterior à sua conversão, o que sugere que desejava – ou precisava – exorcizar o passado do qual sentia culpa (ou sempre sentirá, até o fim dos seus dias), tentativa de passar a limpo o peso da consciência e liberar-se emocionalmente para a abertura de um futuro. A narrativa dessa primeira metade de sua vida não deixa de fazer um interessante contraste com sua produção posterior, pois chega a ser difícil associar o brilhantismo e a clareza espiritual de seu pensamento como monge trapista a esses confusos e contraditórios anos de formação. Fica a impressão, em quem faz a experiência da leitura de *A Montanha...*, de que a vida contemplativa lhe deu acesso a intuições que uma trajetória meramente intelectual não proporcionaria, e que quando ele escreve, não é apenas Thomas Merton quem escreve, mas um homem iluminado pelo Espírito e por forças subterrâneas que potencializam seus *insights* e compreensões a partir das leituras sobre as quais se debruçou diariamente na vida no claustro.

Mas, como diz o próprio Merton, através de certos acontecimentos é que se formam e robustecem resoluções que antes flutuavam apenas como entidades vagas na mente e na vontade. Tudo é crescimento, ainda que passos desalinhados e incertos sirvam apenas de antítese para uma outra face que se deseja trazer à tona.

E é justamente essa outra face que começa a se esboçar a partir da segunda metade de sua narrativa autobiográfica.

Ali, o que é contado transcende a sua história pessoal e o transforma numa espécie de arquétipo do homem diante de forças que estão além de seu entendimento racional. Sua narrativa em *A Montanha...* – muito semelhante à de qualquer sujeito atravessado por seu desejo – serve de identificação para milhões de leitores que se veem naquela mesma situação, feito almas aprisionadas a uma existência com a qual não conseguem se identificar e ansiosas por uma janela aberta que as convide a voos para lugares existenciais ignorados.

Garimpando as reflexões que ele apresenta em seu texto, é possível identificar a antecipação de seu encontro com a Igreja e com sua vocação acontecendo de forma invisível, aos poucos, feito uma mão sutil que às vezes aponta numa direção para a qual ele pessoalmente se dirige sem saber exatamente para onde será levado nem o que estará à sua espera. Essa experiência o fará refletir que há um destino para o qual seguimos a partir de nossa vontade; mas há outro destino, contrário a essa vontade consciente, que se dá pela via de um desejo inconsciente, a ponto de ao mesmo tempo soar como uma opção acertada e, por outro lado, algo ao qual parece prudente resistir e evitar. É uma dinâmica ambígua e contraditória sobre a qual ele continuará refletindo mesmo após sua ordenação. Em 1951, na obra *O signo de Jonas*, ao falar sobre o relutante personagem bíblico do Antigo Testamento, ele escreverá:

> Como o profeta Jonas, a quem Deus ordenara que fosse para Nínive, sinto em mim mesmo um desejo incontrolável de partir na direção contrária. Deus mostrou-me um caminho, e todos os meus "ideais" mostraram-me outro. [...] Sinto, porém, que minha vida está especialmente marcada por esse grande sig-

no, que o batismo e a profissão monástica marcaram a fogo nas próprias raízes do meu ser, porque, como o próprio Jonas, me vejo viajando para meu destino no ventre de um paradoxo (Merton, 1954, p. 19).

Na vida de Merton, esses "chamados" aparecem na forma de pessoas, livros e acontecimentos. Robert Waldron (2002, p. 66), num de seus textos sobre o monge trapista, fala de cinco epifanias[10] principais que ele teria vivenciado e que teriam contribuído para sua espiritualidade: (i) na viagem a Roma, aos 18 anos, quando vivenciou a primeira experiência de Cristo; (ii) na conversão ao catolicismo em Nova York; (iii) na viagem a Havana e a experiência mística na missa; (iv) na visão do célebre episódio de Louisville; e (v) numa experiência de deslumbramento no Sri Lanka, diante das gigantescas estátuas de Buda. Essas epifanias, ocorridas em momentos diferentes da experiência de Merton, representaram, de fato, acontecimentos decisivos que atravessaram seu cotidiano e provocaram rachaduras nas bases filosóficas e psicológicas em que ele sustentava um frágil eu. No presente capítulo, serão visitados os três primeiros desses momentos inusitados, todos ocorridos antes de sua vida como monge. As duas experiências seguintes serão visitadas no Capítulo 5 e no capítulo final, quando acompanharemos em parte seus anos posteriores à entrada na vida religiosa, e cujos marcos serão importantes para pensarmos em nossa própria jornada.

---

10. O termo **epifania** tem origem na palavra grega *epiphanéia* que significa "manifestação" ou "aparição". No catolicismo, a 'Epifania do Senhor' é uma festa que celebra a manifestação de Jesus Cristo como Deus encarnado em três dimensões distintas: na manifestação aos pagãos (epifania aos Reis Magos no Oriente), na manifestação aos judeus (epifania a João Batista durante o batismo nas águas do rio Jordão) e na manifestação aos discípulos (epifania no início do ministério de Jesus com o milagre em Caná ao transformar água em vinho e anos mais tarde no Monte Tabor quando Jesus se transfigurou). Num sentido filosófico, epifania remete para a sensação profunda de compreensão, como quando algo é completamente esclarecido, numa acepção semelhante à da palavra *insight*.

Segundo Anthony T. Padovano (1995, p. 17), que escreveu várias obras e pregou retiros sobre Merton, cada epifania leva nosso autor a mudar de direção drasticamente. O episódio de Roma, que foi o primeiro, representou sua conversão para valores espirituais, e seu impacto não deve ser ignorado se buscarmos compreender as razões que o levaram, oito anos depois, a adentrar a clausura na Abadia de Gethsemani. Essa experiência aconteceu em 1933, quando Merton havia chegado à maioridade. Em *A Montanha...*, ele conta que era a segunda vez que passava por aquela cidade, e, de forma rotineira, fazia o circuito comum de qualquer turista, visitando especialmente as ruínas da Roma Antiga. Dias depois, porém, viu-se a visitar as igrejas, fascinado pelos mosaicos bizantinos. Feito um peregrino, porém ainda sem conversão, visitou os grandes santuários da cidade, percorreu todas as suas basílicas e deslumbrou-se com pinturas, antigos altares e tronos, escrínios e santuários que haviam sido desenhados e construídos para a instrução de um povo ainda não preparado para compreender Deus. Decidiu-se a ler os Evangelhos ali mesmo, durante sua viagem, e tirar suas próprias conclusões. O que experimentou o surpreendeu: muitas verdades que jamais supôs que admitiria e, principalmente, um primeiro encontro, ainda que obscuro, com o Cristo. Cativado pela leitura, arrebatado pelo poder das imagens e seduzido pelo mistério de cada igreja que visitava, prosseguiu nessas experiências por dias seguidos, embora sem dar-se conta do que estava acontecendo e tomando forma dentro dele. Padovano observa que a experiência fez o jovem de 18 anos orar como nunca havia orado antes, desde as raízes de seu ser. Chorou lágrimas intensas, e quando mais de uma década depois registrou em seu livro o que lhe ocorrera, o episódio ainda estava nítido e vívido em sua memória, e descreveu o que vivenciara com poder e paixão.

Porém, a forte experiência espiritual não foi determinante para uma aproximação imediata com a Igreja, o que por sinal o faria lamentar depois, alegando que bastava ter seguido seus primeiros impulsos de espiritualidade para que sua vida se tornasse muito diferente e muito menos miserável do que aquela dos anos que seguiram. Infelizmente, para ele, o contato com o sagrado não teve efeito duradouro e foi logo substituído por outras cenas que, sobrepondo-se umas sobre as outras, o mantiveram à deriva. Padovano comenta que o jovem se voltou então para o álcool e protestos estridentes, para a promiscuidade e a uma postura desafiadora diante da vida. Passou a gastar dinheiro compulsivamente e vagueou incansavelmente em um esforço selvagem para encontrar tranquilidade. Mas não havia paz.

Contudo, ainda que a experiência de Roma tenha ficado para trás sem aparentes ecos significativos, episódios inusitados continuaram a acontecer. Um dia, atraído para uma livraria em Nova York, ele compra *O espírito da filosofia medieval*, de Étienne Gilson, sem saber que se tratava de uma obra de cunho católico aprovada oficialmente pela Igreja, o que a princípio o deixa irritado, mas ainda assim a lê. Lê e se surpreende, o que o faz registrar mais tarde em seu diário que, lendo o livro de Gilson, aprendeu a ter um respeito sadio pelo Catolicismo.

De outra feita, vem de uma improvável origem – o monge hindu e amigo Mahanambrata Brahmachari – a opinião de que havia grande riqueza espiritual no cristianismo. Para sua surpresa, Brahmachari sugere que ele leia duas obras católicas: *Confissões*, de Santo Agostinho, e *Imitação de Cristo*, do padre alemão Tomás de Kempis, o que o leva outra vez a se aproximar de escritos católicos. Por volta dessa época, se impressiona ao conhecer uma obra do escritor Aldous Huxley de 1937, *O despertar do mundo novo* (*Ends and means*), espécie de introdução ao misticismo e que marca a entrada daquele autor, então racionalista, na perspectiva da mística. Com tudo isso, uma questão interna, por tanto adiada, começa a se manifestar mais claramente a Merton a ponto de ele sentir-se impelido por um impulso quase físico, a fim de procurar um sacerdote.

> Primeiramente havia aquela solicitação límpida, suave mas forte conquanto gentil, que me dizia: "Vai à missa! Vai assistir à missa!". Era algo bem novo e estranho essa voz que parecia me impelir; essa convicção firme e crescente, bem íntima, do que era mister que eu fizesse. Havia tal suavidade singela, que eu não podia deixar de me dar conta. E quando me rendi, ela não se exultou sobre mim pisando-me com pressa incontida como sua presa, mas me transportou para a frente com serenidade e sóbria direção. Não quero dizer que minhas emoções se renderam a isso, de pronto. De fato, ainda sentia certo receio de entrar numa igreja católica deliberadamente e de lá, em meio a muita gente, me instalar num genuflexório e me expor aos misteriosos perigos dessa estranha e poderosa coisa a que eles chamavam "a missa" (Merton, 1997, p. 246).

Aos poucos, o contato cognitivo e afetivo com o catolicismo vai aumentando progressivamente. Em 1938, ao escrever sua dissertação de mestrado sobre a arte de William Blake, utilizou, como fonte, textos de Santo Tomás de Aquino e do filósofo católico Jacques Maritain, que fora seu professor e depois se manteria como um amigo pessoal. Na tese de doutorado ele também irá beber da fonte de autores católicos – no caso, o trabalho do jesuíta Gerard Manley Hopkins[11]. Sente-se, então, absorvido pela leitura da poesia desse autor e se interessa por sua vida e suas escolhas. Que vida fora aquela? Que faziam os jesuítas? Que fazia um padre?

---

11. Gerard Manley Hopkins, poeta do século XIX cuja conversão ao catolicismo e ordenação como padre jesuíta muito impressionou Merton quando este o leu após a formatura na Universidade de Columbia.

Como vivia? Muitas dessas questões passam a exercer uma misteriosa atração no jovem Merton de 23 anos.

Certa tarde, lendo sobre a conversão de Hopkins e sua entrada na Ordem Jesuíta, Merton tem o que Waldron irá classificar como sua segunda teofania: subitamente, num rompante, ele se dirige para a reitoria da Igreja de *Corpus Christi*, onde se encontra com o padre George Barry Ford e estabelece uma conversa sem muitos preâmbulos: "Padre, quero me tornar católico".

Após um breve período de catequese, Merton é batizado e recebe o sacramento da eucaristia, pela primeira vez, em novembro de 1938. Novos autores passam a ser objeto de sua leitura: São João da Cruz, Santa Teresa de Lisieux, Santo Inácio de Loyola. Praticando os Exercícios Espirituais de Santo Inácio, procura focar sobre o propósito de sua vida: considerar o motivo pelo qual Deus o pusera no mundo.

Ao pensar no significado de tudo aquilo, ele se via diante da incerteza do inexplicável: "Estava na iminência de desembarcar na praia aos pés da alta montanha dos sete patamares circulares dum Purgatório mais escarpado e mais árduo do que me era possível imaginar, e não tinha a mínima ciência da subida que ia realizar" (Merton, 1997, p. 263-264).

Ele se depara com uma intenção secreta – perturbadora, sem explicação racional – de ordenar-se padre, desejo que ele não admite nem a si mesmo e que lhe aparece do nada, feito um afeto obscuro e inesperado que encontra meios de subir à superfície e impor-se. É uma surpresa que chega para ele de forma tão inusitada quanto destoante da vida que levava. Mas é de fato um pensamento que começa a se delinear no fundo de sua mente: um obscuro e enigmático desejo de se tornar padre.

Ele repudia conscientemente esse impulso, mas a ideia não o larga. Entretanto, caminhar na direção do desejo não é simples para ninguém e não o seria para ele. Procura nos amigos Robert Lax e Mark van Doren[12] algum tipo de confirmação de que estaria louco, mas ambos acham perfeitamente natural que ele busque a santidade. A tranquilidade com que os amigos apreciam seu desejo o deixam ainda mais confuso: "Todas essas pessoas eram cristãos muito melhores do que eu. Compreendiam Deus melhor do que eu. Que era que eu estava fazendo? Por que me tornava assim tão lerdo, tão confuso ainda, tão incerto e inseguro em minhas direções?" (Merton, 1997, p. 283-284).

Na perspectiva das epifanias citadas por Waldron, há um terceiro momento marcante na luta interna do jovem Merton, que ocorrerá num lugar improvável, Cuba, para onde ele seguira em 1940, aos 25 anos de idade, com dois objetivos: descansar após uma cirurgia de apendicite e colocar seu desejo de ser sacerdote católico nas mãos da padroeira de Cuba, Nossa Senhora da Caridade do Cobre. Nessa ocasião, ele já havia obtido um possível encaminhamento para ingressar na ordem franciscana, com bom indicativo para ser aceito.

A experiência no santuário da Virgem se torna frustrante e aquém de suas expectativas, pois teve sua concentração perturbada por uma mulher que insistia em lhe vender artigos religiosos. Por sutil ironia, é quando ele volta desiludido para Havana e quando resolve participar da celebração de uma missa na Igreja de São Francisco que algo diferente acontece. Ele fica atento a cada detalhe: um coral de crianças que cantam com clareza e sentimento; uma estátua de Francisco de Assis oferecendo-se a Deus; sinos que tocam; o silêncio;

---

12. Mark Van Doren foi um poeta e crítico literário, professor e amigo de Merton na Universidade de Columbia. Merton o vê como responsável por seu encontro com a filosofia medieval e a teologia católica. Em 1940, seria ganhador do Prêmio Pulitzer por seu *Collected poems* 1922-1938. Padovano o descreve como um modelo de ensino de excelência, eloquência literária e ética pessoal para Merton; um pai à distância, um mentor e um guia, alguém capaz de ser guardião de alguns manuscritos de Merton e ser alvo de sua intensa admiração.

um sacerdote que proclama: "Creio...". E quando o sacerdote ergue a hóstia e o cálice no momento da Consagração, a voz das crianças preenche todo o ambiente, despertando em Merton uma indefinível sensação de paraíso na terra. É como se ele fosse atravessado pelo barulho de um trovão. Ele vê mais do que seus olhos. Ele sente Deus, sente-se suspenso da terra, perfurado por um raio, atingido sem qualquer defesa. Não há medo, apenas alegria, beleza além de qualquer descrição e certeza sem qualquer hesitação. Seu espanto ainda está presente quando ele descreve a experiência: "O céu está bem diante de mim! O céu. O céu! Isso durou apenas um momento; mas deixou um júbilo ofegante, uma paz e uma felicidade pura, permanecendo durante horas, e que jamais vim a esquecer" (Merton, 1997, p. 338).

Merton vive ali uma experiência que transcendia sua razão. Mas tão impressionante quanto o que viveu é o fato de ele persistir com sua resistência, mesmo após um episódio numinoso com a eucaristia. Levado por um sentimento de menos-valia, ou mais propriamente pelo medo de realizar o desejo que lhe batia à porta, ele, aos poucos, semanas após retornar de Cuba, vai se deixando abater pelo desânimo. Ele se vê de fora daquilo tudo, como se fosse alguém nu, sozinho e exposto ao frio. Teria realmente a vocação para a vida religiosa?

A súbita desistência de algo que tanto desejava passa a pesar sobre ele, que não desconhece os sentimentos do que está implicado em abrir mão do desejo. É terrível pensar-se na graça que é desperdiçada neste mundo e nas pessoas que se perdem, reflete ele. E não deixa de dar exemplos, em lugares esparsos de sua narrativa, de colegas seus, jovens ricos que haviam se suicidado, um em Cambridge, outro em Colúmbia. Ele mesmo, ainda bem jovem, sozinho num quarto de hotel, sentira vertigem e enquanto estava estirado na cama, ouvia em sua mente uma voz diminuta e sarcástica que lhe dizia: 'Que tal, se te jogasses pela janela abaixo, hein?' Padovano comenta que há poderosos mecanismos psicológicos atuando ali. Merton está próximo ao desespero, não longe, talvez, do suicídio (Padovano, 1995).

Por outro lado, se renunciar ao desejo é matar o que há de genuíno em si, afirmar um desejo decidido não é simples. Merton recapitula e procura aquele que seria um dos responsáveis por sua entrada num convento franciscano. Fala com ele de todas as suas mazelas desde a juventude e desnuda suas contradições, seu ser dividido, sua confusão interior. No dia seguinte, Frei Edmund acaba dando-lhe razão, e está de acordo de que não é recomendável que ele entre para a Ordem.

É uma confirmação para as preocupações de Merton que, por outro lado, não lhe traz alívio. Após sua autossabotagem, ele vai a um confessionário, fala para o padre de sua miséria interior e traduz toda sua amargura e confusão. Chora e soluça até não conseguir falar mais, procurando esconder o rosto por não poder deter as lágrimas que escorriam por seus dedos. Considera, então, amargamente, que perdera de vez a concretização da possibilidade de sua vocação para o sacerdócio.

Mas, consciente ou não, ele prolonga suas contradições numa nova roupagem: embora tenha renunciado à vocação religiosa, passa a adotar um estilo de vida monástico, reflexivo, para de fumar, passa a morar num pequeno quarto da St. Bonaventure University, onde dava aula, e vive um estilo de vida muito próximo ao de um homem ordenado. Um dia, estimulado por Dan Walsh[13], resolve participar de um retiro na Abadia de Nossa Senhora de Gethsemani.

É interessante o diálogo que ele mantém com um dos irmãos da Abadia, Irmão Matthew, que ele conhece assim que os portões se abrem para recebê-lo. Tão logo chega, Irmão Matthew o aco-

---

13. Daniel Walsh foi professor de filosofia na Universidade de Columbia, tornou-se amigo de Merton e posteriormente se ordenou sacerdote na diocese de Louisville. Anthony T. Padovano o descreve como um professor brilhante e um homem cheio de santidade. É ele quem introduz Merton aos Cistercienses e a Gethsemani. Ele teria visto em Merton o que ninguém vira: a capacidade para a mística e a vida contemplativa.

lhe no portão e pergunta: "Veio para ficar?". Diante da pergunta, Merton, envergonhado, comenta em seu texto: "Tal pergunta aterrorizou-me. Parecia-me tanto com a voz da minha consciência!" (Merton, 1997, p. 381).

De retorno ao seu cotidiano, após o retiro, ele passa a ajudar a Casa da Amizade, com a população pobre do Harlem. Ali chega a cogitar se não seria aquilo que Deus esperava dele, um trabalho social em que poderia encarnar o Evangelho em situação concreta de necessidade de ajuda e suporte. Mas um desejo de voltar à Abadia de Gethsemani e lá tornar-se monge ronda seu coração, trazendo uma nova cisão: ser religioso ou atuar socialmente no Harlem? Assim ele desabafa em seu diário em 1º de novembro de 1941: "Por que vivo a interrogar-me continuamente sobre o que deveria fazer? Por que vivo sempre insatisfeito e perguntando a mim mesmo, a cada momento, qual é a minha vocação?" (Merton, 1961, p. 234). Bailey, em seu livro sobre Merton, responde: "Ele estava procurando pela pérola de grande valor pela qual um homem abandona tudo para possuir" (Bailey, 1975, p. 31). Mas estaria ele disposto a esse abandono radical?

Vai levar pouco tempo até que o jovem de 26 anos transforme o desejo incipiente em desejo decidido. Martelando em sua mente o peso de uma decisão inacabada, admite: "Impossível me era chegar a quaisquer conclusões, muito embora um pensamento estivesse a virar ininterruptamente dentro de meu espírito: 'Ser monge... ser monge...' " (Merton, 1997, p. 393). Em seu diário, no dia 27 de novembro de 1941, ele escreve: "Entrar no Mosteiro dos Trapistas é uma coisa que me empolga, que me enche de terror e de desejo. Volto continuamente à mesma ideia: 'Abandone tudo! Abandone tudo!'" (Merton, 1961, p. 243) Até que, "finalmente, na quinta-feira, de noite, me vi repentinamente tomado de vívida convicção: 'Chegou a vez de partir deveras. Vou ser trapista!'" (Merton, 1997, p. 431).

Ele cria uma estratégia: marca um novo retiro na Abadia, com a intenção de entrar e não mais sair. Novamente, ao chegar lá, é o Irmão Matthew quem o recebe:

– Olá, Irmão Matthew!
– Bom dia! Desta vez veio para ficar?
– Vim, caso o Irmão Matthew reze por mim. Sacudiu a cabeça e ergueu a mão para fechar o postigo e abrir a porta, enquanto dizia:
– Rezar pelo amigo? Pois foi o que estive fazendo (Merton, 1997, p. 440).

Thomas Merton entrou para o monastério em 10 de dezembro de 1941, onde permaneceu vivendo em comunidade até 1965, quando então obteve a permissão para viver como eremita nos bosques da Abadia até sua morte na distante Tailândia, em 1968. Sua história, contada em *A Montanha dos Sete Patamares* foi publicada sete anos depois e se tornou um *best-seller* imediato, tendo vendido milhões de cópias e figurado como um dos cem livros mais importantes do século XX. Farta correspondência começou a chegar a Gethsemani, endereçada por leitores ávidos por conhecer Merton e pedir seus conselhos. Segundo Getúlio Bertelli, autor brasileiro de um encantador ensaio sobre o monge trapista, no período de 1940 a 1950 grande quantidade de homens entrou para o mosteiro, em boa parte por causa dele.

Seu relato transcendeu sua história pessoal. Seus leitores, com maior ou menor consciência disso, viram a si próprios no texto, como se estivessem diante da narrativa arquetípica de todo homem que busca, em si, seu verdadeiro eu.

2
O verdadeiro eu e o falso eu

No centro de sua espiritualidade está a dialética
do dilema do "verdadeiro eu" versus o "falso eu"
(Kilcourse, 1991, p. 97).

Introdução

Para a versão japonesa da obra *A montanha dos sete patamares*, Merton escreveu na introdução a maneira como esperava que seu texto fosse lido. Suas palavras são válidas para o presente capítulo:

> Não é como um escritor que eu me dirijo a vocês, nem como um contador de histórias, nem como um filósofo, nem como apenas um amigo: eu busco falar com você, de certa forma, como seu próprio eu. Quem pode dizer o que isso significa? Eu mesmo não sei. Mas se você prestar atenção, coisas serão ditas que talvez nem estejam escritas neste livro. E isso não acontecerá graças a mim, mas ao Um que mora e fala em ambos! (Inchausti, 1998, p. 3).

Merton tenta antecipar que a experiência do leitor pode ser mais rica se sua leitura transcender suas próprias autorreferências, da mesma forma que a escrita muitas vezes consegue ultrapassar o próprio autor que transmite uma ideia, expressando-se além do que ele mesmo se propôs a dizer. Trata-se de uma reflexão interessante para lidar com o conteúdo que será apresentado aqui e que é, sem dúvida, mais amplo do que as palavras que Merton usa para inseri-lo num discurso, exigindo de quem lê mais do que atenção, lógica e raciocínio, uma sabedoria interna onde as palavras possam ecoar e avançar além de si mesmas. É nesse estado de espírito que a teologia do verdadeiro eu pode ser mais bem assimilada por quem entra em contato com suas premissas.

Este capítulo tem um papel central neste trabalho, pois busca fazer uma síntese de pontos principais sobre o *verdadeiro* e o *falso eu*, conforme elaborados nas principais obras em que o tema foi tratado por Merton. Ocasionalmente, serão utilizados como suporte alguns achados da psicanálise de Freud e da Psicologia Analítica de Jung, materiais, por sinal, bastante conhecidos de Merton, leitor ávido que era desses dois pensadores[14]. Sempre é bom lembrar, porém, que há diferenças substanciais entre Freud, Jung e Merton e não há pretensão de buscar elementos de conciliação. Merton, como religioso, concebe Deus como Pessoa; Jung pensa em Deus como realidade psíquica e arquétipo; e Freud vê Deus da mesma forma com que compreende a religião: como ilusão. Isso não impede que as psicologias contribuam com um panorama sobre o homem social que em muito ajudará, em especial, na compreensão da gênese do **falso eu**, como será visto neste capítulo nas próximas linhas. Adicionalmente, para pensar o verdadeiro eu, outros estudiosos serão utilizados como suporte, mais particularmente aqueles que se debruçaram sobre a obra mertoniana.

A construção do sujeito

> *O indivíduo não realiza nem o âmbito nem o sentido de sua vida se não conseguir colocar o seu "eu" a serviço de uma ordem espiritual e sobre-humana* (Jung, 1981, p. 158).

---

14. Sobre as aproximações de Merton com a psicanálise e a psicologia profunda, ver: Perissé (2023).

Como uma pessoa fala de si mesma? De modo geral, a resposta a essa questão traz à tona referências identitárias periféricas (profissão, empresa em que trabalha, formação acadêmica, realizações pessoais), arranjos relacionais (pai ou mãe de tantos filhos, filho/a de fulano e cicrana, marido ou esposa de beltrano/a) escolhas culturais (simpatizante do partido político W, torcedor do time X, fã de filmes do gênero Y, devoto da religião Z) ou valores que a pessoa atribui a si mesma ("sou um cidadão honesto", "um sujeito comprometido com minha profissão", "uma pessoa do bem", "alguém que ama muito sua família"). Para Merton, todas essas referências falam da pessoa numa camada superficial, sem que representem, porém, o singular que há em cada uma. Em momentos e lugares diferentes, ele falará de uma identidade fabricada a partir de uma complexa interseção entre aquilo que o meio social espera da pessoa e a forma como ela deseja ser vista socialmente.

Em *A experiência interior: Notas sobre a contemplação* (2007), ele convida o leitor a refletir sobre o fato de que uma grande parte do que afirmamos ser nossas opiniões e esperanças, nossos gostos e desejos são, na verdade, efeitos da influência dos outros sobre nós, a vocalização de uma coletividade subjacente a uma máscara a que chamamos de "eu". Às vezes, ao dizermos "eu quero", realizamos apenas um gesto automático de querer aquilo que nos fizeram querer, algo que nos foi imposto de forma consciente ou não. Outras vezes, esse "eu" é fabricação nossa, muitas vezes inconsciente, mas igualmente artificial, fruto da expectativa de causarmos nos outros uma impressão que lance um olhar favorável sobre nossa pessoa. Numa reflexão que redigiu em seus diários, em 1965, Merton ponderou sobre a insanidade disso: "Quão louco é ser 'você mesmo' tentando viver de acordo com uma imagem de si próprio que você criou inconscientemente nas mentes dos outros. Melhor destruir a imagem se necessário" (Montaldo, 2004, p. 229).

Essa dinâmica de falsidade que engendra esses "eus" é importante para a compreensão do conceito de falso eu. Merton, recorrentemente, chama a atenção para esse duplo movimento: de um lado, buscamos viver de acordo com "alguém que não está presente", ou seja, conformando-nos ao desejo de figuras representativas de nossa história, num esforço para corresponder ao que esperam que sejamos; de outro empreendemos esforços para sustentar uma imagem construída por nós mesmos, tendo ou não consciência disso, para impressionar os outros. São dois lados de uma mesma moeda que fomentam um círculo vicioso: a pessoa modela seu pensamento sobre si mesma em acordo com os comandos do grupo social ao qual pertence, mas ao mesmo tempo retroalimenta a expectativa desse grupo quando empreende esforços para adotar comportamentos aderentes a essa imagem. De um modo ou de outro, há em jogo uma ficção de pessoa, descolada de sua originalidade enquanto ser distinto de qualquer outro que exista encarnado.

Como compreender a gênese desse falso eu? A psicanálise traz boas contribuições, e Merton não hesitou em incorporá-las às suas reflexões.

Uma aventura que começa divina, mas que se torna demasiadamente humana

Padovano (1995) reflete que toda jornada inicia como jornada humana e que somente mais tarde se torna conscientemente espiritual. E chama a atenção para o fato de que nossas origens sempre trazem a chave de nosso futuro e formam a centralidade de nossa espiritualidade. Tomar contato com nossos "começos", portanto, pode contribuir para que tenhamos uma compreensão mais clara sobre o engendramento de nossas ilusões sobre nós mesmos, e isso, por sua vez, nos ajudará a pavimentar um percurso teórico para a compreensão do verdadeiro eu. O que as psicologias viram e ajudaram Merton a enxergar?

Enquanto crianças, como se fôssemos uma esponja, bebemos da água em que estamos imersos, e é natural e até esperado que nos constituamos enquanto sujeitos a partir dos outros. Embora a jornada humana seja diferente e única para cada pessoa, o começo de cada trajetória passa por marcos comuns nos quais muitos cristalizam sua identidade, fixando-se nela mesmo em fases posteriores de vida em que poderiam viver uma existência mais singular. Estudos e observações clínicas propõem o entendimento de que o bebê, já ao nascer, se insere numa ordem preestabelecida, de natureza simbólica. Antes mesmo que ocupemos nosso espaço na existência, o mundo já tem um lugar à nossa espera; antes que bordemos nossa própria história, uma história familiar já nos precede, como se carregássemos, desde antes de nosso nascimento, a sociedade dentro da qual iremos viver. Todo bebê já nasce e pertence a um grupo, está vinculado a uma etnia, a uma classe social, ao contexto cultural de uma nação. Tudo nos ultrapassa: o desejo de nossos pais, os códigos sociais, as normas culturais, o nome que nos é dado, as palavras utilizadas para sermos citados, etc. Expressões baseadas no desejo, como "filho único" e "filho tão esperado", ou, na ausência de desejo, "filho que chegou numa má hora", não são apenas palavras: simbolizam lugares e influenciarão o tom em que se darão as relações e se constituirá um sujeito. No mesmo sentido, o nome escolhido para o bebê (nome do próprio pai ou da mãe, de alguma figura pública ou histórica, de algum artista de cinema ou TV, ou mesmo de um familiar distante, cultuado pela tradição familiar) também estará vinculado a significados e expectativas, trazendo em si a demanda de quem nomeia. Mesmo nosso sobrenome nos vem de um outro – o pai – que o recebe de um outro – seu avô, no processo contínuo das gerações precedentes. Haverá diferenças entre um sobrenome tradicional e um comum?

Pode ser que, ao adquirirmos consciência dos processos sociais e seus valores simbólicos, sintamos o impacto disso, e, para nossa alta ou baixa autoestima, esta será uma questão a qual precisaremos elaborar ao nosso jeito.

Todos esses pontos fortalecem uma premissa da existência: cada um de nós tem sua gênese social antes mesmo de nascer. Ninguém chega ao mundo como um quadro em branco, e não há como compreender uma história individual sem a referir a uma história social.

Em acordo com esse pensamento, o monge trapista M. Basil Pennington (2000), que fez seu próprio estudo sobre a teologia do eu de Merton, entende que o universo de linguagem e palavras produz escutas formativas que servem de referência para que a criança faça uma imagem de si mesma a partir da opinião de terceiros, o que acaba levando-a à criação de um falso eu com que ela se identifica. Há, portanto, uma inevitabilidade na vivência desse processo. Não é viável que nós, quando ensaiamos nossos primeiros passos na vida, sejamos impermeáveis ao que dizem e esperam de nosso comportamento, pois é do meio social que cada bebê – e mais tarde a criança – garantem sua sobrevivência física. O bebê sente fome e sede, mas depende inteiramente da mãe para suprir suas necessidades mais básicas; precisa que lhe assegurem um lugar limpo, aquecido e isento de riscos, e para isso também dependerá dos adultos. A experiência inicial de qualquer um de nós é de necessidades de toda sorte de coisas, diz Pennington, observando que a obtenção dessas coisas produz um senso de segurança e bem-estar, felicidade e contentamento que tentaremos repetir a qualquer custo.

O desafio, porém, é grande, pois essa que é sua maior provedora de segurança e bem-estar – sua mãe nos primeiros estágios de vida – integra uma composição triangular da qual faz parte, também, um pai. Conforme cresce, a criança, já entre seus três a cinco anos de idade, se dá conta de que essa presença materna, a quem por algum tempo julgou ser sua propriedade exclusiva, não se dedica totalmente a ela, pois há um outro a quem a mãe também endereça amor. Nesse momento, o pai representa um intruso na relação simbiótica anterior, alguém com quem a criança tentará competir, alguém que deve ser expulso por representar o intruso que vem acabar com o que era doce. Ela sente um grande temor de perder a mãe e o desejo de afastar o pai, por sinal um rival poderoso. Mas a hostilidade não irá durar muito tempo, já que, reconhecendo o próprio desamparo e identificando o pai como um outro que lhe disputa a posse da mãe, ela fará aliança com aquele, aproximando-se, e em contrapartida desprendendo-se da relação simbiótica em que vivia na companhia materna. Estar bem e garantir a sobrevivência nesse arranjo familiar implica fazer laços – e fazer laços implica fazer concessões. Ainda que não sejam processos conscientes, a criança cede onde pode ceder, busca seduzir e agradar, ser um pouco o que o pai e a mãe querem que ela seja.

Em pouco tempo ela cairá em si que essa necessidade de fazer laços com mãe e pai se manifestará num mundo muito mais amplo, onde sua sobrevivência, senão física, mas psíquica, dependerá também das boas relações que estabelecer com muitos outros – os primeiros coleguinhas, os demais parentes e outras representações de autoridade com quem passará a interagir (tios, professores, e, no campo religioso, Deus). Cada laço desses terá demandas específicas sobre ela: o professor vai querer que ela seja uma criança comportada e que não lhe dê trabalho; o coleguinha só irá desejar sua companhia se ela gostar de brincar dos mesmos jogos, os pais só se mostrarão satisfeitos se ela se portar direito na hora das refeições e comer determinados alimentos que detesta. E Deus só a protegerá se ela rezar todos os dias antes de dormir e se for obediente aos seus pais. Pennington reflete que a mensagem que o infante captará de tudo isso é que não é um ser amável por si mesmo, mas pelo atendimento ao desejo dos outros. A criança popular é aquela que tem a bicicleta com maior velocidade, o tablet mais cheio de jogos e a que tem desenvoltura na prática de esportes. Não levará muito tempo para se dar conta de que seu valor depende do que possui, do que sabe, do que faz e do que pensam dela. Então, ao buscar seu lugar existencial, ela se colocará como um objeto – um objeto para o outro, um amálgama de comportamentos que tentam dar conta do que desejam e esperam dela para que, em contrapartida, possa ser objeto de amor e reconhecimento. O esforço para corresponder e ser amada é tanto que ela mesma começa a se ver dessa maneira. Aí está, segundo Pennington, a construção do falso eu.

Essa experiência irá gerar insumos para a gênese de dois fatos fundadores de identidade:

• De um lado, a criança passa a organizar uma imagem de si mesma a partir desses olhares. Com base na visão que os outros têm dela, ela cria aos poucos sua própria autoimagem, vindo a se autoperceber a partir dos sentimentos de quem lhe é próximo. Esse é um ponto fundamental: as primícias da identidade são fundadas a partir do reconhecimento alheio.

• De outro lado, e de forma complementar, ela tem suas preferências afetivas: admira a fortaleza do pai, inveja o coleguinha que parece mais extrovertido, vê que a professora é tão afetuosa e protetora quanto sua mãe. Aqui, tanto o pai quanto o coleguinha e a professora são pessoas com quem ela se identifica, e buscará formas de ser e agir moldadas a partir daqueles que, de alguma forma, atraem seu afeto.

Essas construções subjetivas, porém, trazem questões importantes. Nicole Berry, autora do livro *O sentimento de identidade* (1991), questiona se não seria nossa personalidade apenas a soma das personagens que somos para os outros, e se existiria uma representação de nós que não seja formada a partir do outro. São perguntas fundamentais, pois pressupõem o ego[15] como um objeto feito como uma cebola, e seria possível descascá-lo, encontrando-se as identificações sucessivas que o constituíram.

Essa ausência de singularidade, que torna a criança uma espécie de imitadora ou submissa a aqueles que são suas principais referências, mostra sua fragilidade psíquica e fomenta questionamentos importantes: como o futuro sujeito pode emergir num tal contexto? Em que condições pode tornar-se um ser humano com seus próprios traços a despeito das palavras dos outros que são referências tão poderosas para que ele se perceba e se modele? O que fazer para não se alienar nem se afogar no mundo social?

O problema se torna mais complexo quando refletimos que a questão não se restringe ao universo da infância. Quanto mais deixamos para trás as experiências dessa fase e, conforme adentramos a adolescência, a subjetividade estará exposta às experiências proporcionadas pela vida em grupo. Muitos dos conflitos intrapsíquicos terão desdobramentos aí, e vamos nos perceber constantemente divididos entre a afirmação do nosso próprio desejo (o reconhecimento de nosso desejo) e a necessidade de sermos reconhecidos pelos outros (desejo de reconhecimento). Não será fácil mediar essas duas necessidades, e boa parte das pessoas terá uma identidade precária ou frágil ao entrar na adolescência.

---

15. Ego, segundo Freud, é a parte da mente voltada para a realidade e que busca conciliar necessidades inconscientes de uma forma racional e consciente. Funciona como um grande mediador, pois precisa encontrar caminhos para descarregar os impulsos agressivos inconscientes sem colidir com a vida em sociedade, assim como necessita dar limites às cobranças e censuras internas para que estas não tornem a vida excessivamente reprimida e sem lugar para a espontaneidade. Boa parte do trabalho do Ego, segundo Freud, consiste em criar defesas contra as investidas dessas forças do inconsciente. O risco que o Ego apresenta para a pessoa é torná-la excessivamente adaptada à sociedade, à custa de sua singularidade.

Quando Freud (1976) afirma que a psicologia individual é também de improviso e simultaneamente uma psicologia social, parte da compreensão de que a coletividade estará sempre presente na vida psíquica e individual, ora como modelo, ora como objeto, ora como auxiliar, ora como adversária. Nessa perspectiva, o psicanalista Luciano Elia (2004) falará de uma construção social da subjetividade. Segundo ele, o sujeito existe; não é mero produto do meio, dos estímulos e da aprendizagem ambiental, porém **sua construção é social.**

Em síntese: somos inevitavelmente atravessados pelo contexto social, político, cultural e econômico em que vivemos e nossa subjetividade sofre o atravessamento de interações sociais, de condições concretas e materiais da vida. Os embates que constituíram nossa subjetividade no contato com o mundo exterior aparecerão ao longo da vida, em diferentes campos (mundo do trabalho, relações amorosas, laços de amizade e pertença a grupos), deixando-nos, muitas vezes, distanciados de nossa essência e grandes desconhecidos de nós mesmos. Assim, quando somos abordados numa situação pública como uma festa, um bar, ou na saída de nossos filhos da escola, será natural que nos apresentemos às pessoas que não nos conhecem tomando por base o que sabemos de nós: trabalhamos como engenheiros na empresa X, damos aulas como professores assistentes na universidade Y ou somos pais do aluno Z da segunda série. Não será por acaso que encontraremos dificuldades para nos aposentar ou ver nossos filhos crescidos e independentes, pois poderemos ter passado a vida inteira sem perceber-nos além da identidade social que fabricamos por meio de nossa profissão ou por nossos vínculos familiares.

Merton, conhecedor desse processo, irá considerar esses elementos para identificar o quanto tudo isso não apenas nos aliena em relação ao nosso verdadeiro eu quanto em relação a Deus. É o que veremos a seguir.

O falso eu

Há milhares de cristãos caminhando sobre a face da Terra, portando em seus corpos o Deus infinito, do qual, no entanto, não sabem praticamente nada. São filhos de Deus e não percebem sua própria identidade. Em vez de buscar conhecer a si mesmos e sua própria dignidade, lutam miseravelmente para representar personagens alienados [...] (Merton, 2007, p. 68-69).

Quando chama o "eu" de falso, Merton não está fazendo um julgamento moral, como se o falso eu fosse um ser pecaminoso ou imoral. Para ele, essa identidade que pretendemos forjar porque atende de alguma forma às nossas necessidades – seja porque corresponde ao lugar que os outros desejam que ocupemos, seja porque nos agrada por favorecer o olhar que desejamos ter sobre nós mesmos – é sempre menor do que a completude que é o ser humano, de maneira que nos limitarmos a essa imagem idealizada inibe e apequena toda a existência. O padre William H. Shannon[16] (1990), biógrafo de Merton e possivelmente um dos maiores – se não o maior – especialista na vida e obra do monge trapista, reflete que Merton usa a categoria *falso eu* pensando, principalmente, em termos ontológicos. O termo transmite a noção de falta de substancialidade e plenitude, pois se sustenta na superfície da realidade. É um eu falso por isso: é deficiente em ser, especialmente

---

16. Shannon é reconhecido internacionalmente como um pesquisador de referência sobre o trabalho de Merton. Além de ter escrito a biografia *Silent Lamp: the Thomas Merton Story*, foi o editor geral dos livros que organizaram mais de 4.000 cartas de Merton, além de ter escrito a obra *Thomas Merton's Dark Path: The Inner Experience of a Contemplative* e sido um dos editores do *The Thomas Merton Encyclopedia*. Foi o primeiro presidente da International Thomas Merton Society – ITMS. Além de vários artigos sobre o trabalho do monge trapista, Shannon foi um estudioso do tema "contemplação" e produziu obras importantes que refletem e/ou desenvolvem o pensamento de Merton sobre esse campo: *Seeking the Face of God, Silence on Fire e Seeds of Peace: Contemplation and Non-Violence*. Muito de seu pensamento e interpretações sobre Merton será aproveitado ao longo deste trabalho.

por ser impermanente e não duradouro, destinado a cessar com a morte. Em escrito de 1961, Merton (2006) denuncia que nossa vida cotidiana é pouco mais que uma espécie de existência semiconsciente e entorpecida, quando comparada à vida real de nossos profundos eus – a vida que todos deveríamos levar. Na autocrítica que fez em sua autobiografia, ele identifica essa consciência limitada ao falar da vida empobrecida e subjugada à cultura em que ele estivera imerso, considerando-se um produto de Cambridge (a primeira universidade em que cursou o ensino superior), da sociedade e da classe a que pertencia (a classe média norte-americana), "algo que fora gerado pelo egoísmo e pela irresponsabilidade do século materialista em que vivia" (Merton, 1997, p. 150).

Uma leitura de *A montanha dos sete patamares* à luz do conceito de *falso eu* suscita pensar no quanto o livro trata de comunicar isso. A opção do jovem Merton por uma vida distante de sua identidade divina, restrita à superfície e afogada por forças externas, se traduz num mal-estar que se apresenta na forma de culpa, na sensação de tempo perdido e na angústia de uma existência encolhida e atrofiada. É em meio a esse desconforto e desamparo que ele circula ao longo de centenas de páginas do livro, até que o esboço dos primeiros passos rumo ao seu verdadeiro eu revela uma outra forma de consciência e de viver a própria história. Embora seus escritos posteriores revelem a permanência do mal--estar e de uma busca que nunca termina, tudo o que escreverá até sua morte reforça sua convicção de que a vida desconectada de seu propósito central e da identidade esboçada por Deus pode levar aos extremos da vivência de uma existência árida ou até ao encurtamento da própria vida.

Essa convicção parece permear um poema de 1961 que ele escreveu sobre Ernest Hemingway, brilhante escritor norte-americano, famoso por livros cheios de virilidade e aventuras. Sabe--se que, nas horas vagas, Hemingway levava uma vida igualmente vibrante e ativa, correndo riscos em caçadas na selva africana, por exemplo. Porém, a despeito de seus escritos sobre bravura e dos troféus de animais que ele ostentava em suas paredes como fruto de suas caçadas, certo dia, para surpresa geral, deu fim à vida com um tiro na cabeça. No poema *An Elegy for Ernest Hemingway*, Merton transmite a ideia de que a existência desse consagrado escritor foi a grande busca de uma "intrépida ilusão": a de um *falso eu aventureiro*:

> How slowly this bell tolls in a monastery tower for a whole age, / and for the quick death of an unready dynasty, / and for that brave illusion: the adventurous self! / For with one shot the whole hunt is ended! (Quão lentamente dobra este sino na torre de um monastério por toda uma era, pela súbita morte de uma dinastia ainda não versada e por aquela intrépida ilusão: o eu aventureiro. Pois com um disparo se termina toda a caça!) (Merton, 1998, p. 208-209).

É arriscado afirmar o quanto o limitado ideal de vida de Hemingway, muito aquém de seu brilhantismo e de suas inquietações, pode ter contribuído para a antecipação de sua morte por meio do suicídio, mas seu exemplo ajuda a pensar no quanto uma pessoa pode restringir o horizonte da própria existência reduzindo-se a uma identidade maniqueísta e aquém do próprio potencial. J. A. Rodrigues (2019) reflete nesse sentido ao analisar o poema de Merton, ponderando que seu fim invoca a ideia de um escritor frente a frente com seu vazio interior, um inimigo com o qual ele não esperava se unir. Daí o fim de vida inglório, como lamenta e alerta Merton.

Waldron (2002), que também ficou impactado com esse poema de Merton, arriscou dizer que Hemingway tinha uma espiritualidade que soube bem capturar em seu personagem de *O velho e o mar*, mas que, pessoalmente, não investiu em aprofundar.

Na sua visão, se o famoso escritor tivesse se aventurado nas terras de si mesmo, talvez tivesse encontrado a inteireza que lhe escapava. Mas Hemingway teria optado pela inflação do eu perdendo de vista que era apenas uma "máscara" – um eu ao qual, no fim, acabaria por odiar.

Seja a pessoa movida, num extremo, pela manutenção de um eu marcado por um espírito rebelde e aventureiro, ou, em outro extremo, pela ostentação de uma artificial vida religiosa descomprometida com sua essência, a preocupação de Merton consiste no desperdício de energia e tempo empreendidos na construção de uma casa sobre a areia. Ele reflete, em *Poesia e Contemplação* (1972), na inconsistência de determinadas metas que a pessoa escolhe para sua vida, a seu ver artificiais e inautênticas. Tratam-se, em sua compreensão, de esforços tão pouco importantes quanto aprender a representar um papel.

A alusão que ele faz à "representação de um papel" evoca o conceito de *persona*, do psicólogo Carl Jung (1991), que a define como uma espécie de máscara que o homem exibe para facilitar sua interação com o mundo social e o desempenho de papéis que lhe são exigidos na vida em sociedade. Jung defende que a adaptação o mais adequada possível ao exterior é de suma importância. Por outro lado, apegar-se demais à persona traz para a pessoa o risco de limitar sua vida à identificação com seu papel social, distanciando-se de si. Isso porque a persona consiste apenas na face exterior que adotamos para conviver em sociedade, sendo muito menos do que a pessoa original que ostenta a própria máscara.

Merton, leitor de Jung, também se utilizará do conceito de "máscara", ao falar desse *falso eu* que desvia a atenção do *verdadeiro* e que subjaz ignorado. Em *"Novas Sementes de Contemplação"* ele dirá que podemos fugir da responsabilidade de sermos nós mesmos brincando com máscaras, pois isso agrada aos outros e nos agrada. Mas, com o tempo, o custo e a dor resultam muito grandes.

Em obra posterior, *Que livro é este?* (1975), ele reforça o entendimento de que a fabricação de uma identidade pode trazer conveniências, porém será sempre uma construção provisória, em cuja falsidade residiremos como seres alienados, semificções, máscaras.

Embora muito do que Merton falará sobre o falso eu se encaixe perfeitamente no pensamento junguiano, sua compreensão vai além, acreditando ele que, no nível mais profundo, o falso eu representa o ser humano desconectado de sua relação com Deus. A reflexão secular sobre a alienação do sujeito em relação a si mesmo tem em Merton a perspectiva dessa alienação ainda mais radical: **a alienação do homem em relação a Deus.** Infelizmente, essa relação, que deveria ser cultivada pela pessoa como uma interação prioritária e primária, torna-se secundária em relação aos mais diversos relacionamentos que desenvolvemos ao longo da vida. Fomos acostumados, desde a infância, a privilegiar a exterioridade e não à interioridade, e chega a ser injusta a forma como somos levados a isso. Como Horan (2014) observa, todos os dias nos é dito, de formas sutis ou nem tanto, que devemos construir nossas identidades, nos complementar com produtos e serviços, ter determinada aparência, falar de determinada maneira e ser de um certo jeito. Em outras palavras, somos levados, cotidianamente, a sermos o que não somos. Foi essa a perspectiva que Merton utilizou para refletir sobre suas duas primeiras décadas de vida:

> Cheguei à existência sob o signo da contradição, sendo alguém que nunca estive destinado a ser e, portanto, uma negação do que deveria ser. Assim, cheguei ao mesmo tempo à existência e à não existência, porque desde o início fui algo que eu não era. Ou, para dizer o mesmo sem paradoxo: enquanto eu não for outro

senão quem nasceu de minha mãe, estarei tão longe de ser a pessoa que deveria ser, que poderia até nem existir. Na verdade, seria melhor para mim não ter nascido (Merton, 2017, p. 45).

Finley (1992, p. 42), ao abordar a ideia de falso eu, é incisivo: "Quem sou eu nunca deveria ser prostituído pelas demandas que os outros dizem que preciso atender". Ao dizer isso, ele sinaliza que os esforços para a integração social nunca são sem prejuízo para a encarnação, na história, daquilo para o qual a pessoa foi chamada a ser. Merton é igualmente rigoroso ao tratar disso e foi um crítico de qualquer teoria psicológica que levasse ao mero ajustamento à realidade (Carr, 1988). Em *Homem algum é uma ilha* (2003, p. 169), ele acentua que os outros não têm o direito de pedir que sejamos outras coisas senão o que devamos ser aos olhos de Deus. Pois, segundo ele, essas pessoas ignoram que, se formos plenamente nós mesmos, nossas vidas se tornarão complemento e plenitude das deles, ao passo que, vivendo como se fôssemos sua sombra, seremos apenas lembrete de sua própria incompletude. E desabafa: "Se me deixo degenerar no ser que os outros imaginam que eu seja, Deus terá de dizer-me: 'Não te conheço!'"

Admitir a inconsistência do falso eu, por outro lado, não é um exercício simples, e para tamponar sua falta de substância faremos o possível para esconder de nós mesmos sua precariedade. Finley (1992) defende que, diante de sua falta de realidade fundamental, começamos a nos vestir com mitos e símbolos de poder, como se, quanto mais aquisições e experiências utilizarmos como roupagem, mais real o falso eu se tornará. Merton (2017) entende que o sujeito pode desperdiçar sua vida ou uma boa parte dela acumulando coisas apenas na tentativa vã de disfarçá-lo e revesti-lo. É como se esse corpo invisível só se tornasse visível quando algo feito ataduras lhe cobrisse a superfície.

O padre jesuíta norte-americano James Martin[17], que relatou sua própria experiência com a obra de Thomas Merton num livro de 2005, aproveitou a metáfora da atadura para evocar, em suas reflexões, a imagem do Homem Invisível do romance de H. G. Wells, que se embrulha em faixas de gaze para ter visibilidade. Assim, reflete Martin, havia sido boa parte de sua própria vida antes de tornar-se padre, anos em que se esforçara por se apresentar aos outros como alguém espirituoso e inteligente, frequentador de festas e clubes badalados, conhecedor sofisticado de vinhos e cheio de ambição de crescer profissionalmente. Esse tipo de homem, afirma ele, era uma pessoa irreal, nada além de uma máscara que ele usava. E ele sabia disso.

O psicólogo e autor de livros sobre psicologia e espiritualidade, David G, Benner (2004), estudioso de Merton, usa outro tipo de metáfora: o falso eu é como um afogado que se agarra a uma boia. Aquilo a que nos agarramos, reflete ele, pode ser alguma posse, realizações, sonhos, lembranças ou amizades. Ele se utiliza do mito de Adão e Eva como metáfora: nossa primeira consciência da nudez é nos esconder atrás das folhas de figueira de nosso falso eu para fugir à dolorosa consciência da própria nudez.

Da mesma forma que a experiência clínica em consultório pode ser perturbadora por retirar o sujeito de sua zona de conforto (representada pelas identificações em torno das quais ele teceu a ficção que é sua vida), a experiência de sintonizar-se com o verdadeiro eu terá o mesmo potencial assustador, pois remete

---

17. Padre Martin tem um percurso, de certo modo, bastante parecido com o de Merton. Formado originalmente em economia pela Wharton School of Business da Universidade da Pensilvânia em 1982, trabalhou na General Electric em Nova York e mais tarde em Connecticut. Desconfortável e insatisfeito com o mundo corporativo, certa noite assistiu na TV um documentário sobre a vida de Thomas Merton. O impacto foi tal que acabou se aproximando da Igreja Católica e mais tarde ordenou-se padre. Hoje, em paralelo às suas atividades religiosas, escreve livros, publica artigos na influente revista católica America Magazine e milita a favor da inserção de católicos de orientação sexual LGBTQIA+ na Igreja.

a pessoa, num mais-além de suas certezas, para um estado de nudez e vazio que não é algo simples de enfrentar. Ao invés de fugir do vazio, a proposta de Merton nos remete à importância de irmos ao seu encontro – e mais, de ver nesse vazio uma oportunidade de nos encontramos justamente onde Deus pode se manifestar, pois, para o monge trapista (1968), o espírito do homem é um vácuo natural que espera pelo Espírito de Deus, um espaço profundo que permanece um caos até que o Espírito Criador de Deus paire sobre ele.

Chegar ao vazio, porém, exige a coragem de um desnudamento. O teólogo e filósofo místico Mestre Eckhart usa de três metáforas para tratar dessa ideia (2004; 2006; 1991). Diz ele que, da mesma forma que a melhor tabuleta para escrever é aquela em que não há nada escrito, nosso coração precisa esvaziar-se para que Deus possa escrever o máximo nele. Uma fonte viva também serve de exemplo: se está obstruída com terra, não é possível acessar a água. Ainda assim, a nascente permanece viva, tornando necessário retirar a terra que a esconde e que impede o seu livre fluxo. Na mesma linha, um artista, quando deseja fazer uma imagem de madeira ou pedra, não introduz a imagem na madeira; antes, apara as lascas que "ocultavam" a imagem e faz aparecer aquilo que jazia invisível debaixo dela. Nas três metáforas, uma mesma ideia: há um trabalho de esvaziamento e limpeza a ser feito para que algo precioso possa se mostrar e manifestar sua beleza.

A esta altura da reflexão sobre o falso eu, podemos nos perguntar: é psiquicamente viável nos despirmos do falso eu?

Merton apresenta algumas problematizações importantes.

• Viver é estar em processo e, enquanto estivermos na história, nos veremos diante de uma balança tensionando o pêndulo para o falso ou para o verdadeiro eu, e mesmo ele não ficou isento desse desafio até o fim da vida conforme novas experiências, novos cenários e novos desafios foram se apresentando;

• Todo abandono de identidades sociais será objeto de pressões sociais. Vale lembrar brevemente a trajetória de Jesus: quando criança, em atenção a seus pais, "era-lhes submisso" (Lc 2,51). Mas quando se tornou adulto e passou a seguir os ditames de seu eu interior, sua família saiu ao seu encontro, preocupada, no intuito de trazê-lo de volta para uma vida segura: "partiram para forçá-lo a voltar, pois comentavam: 'Ele perdeu o juízo!'" (Mc 3,21). Paga-se um preço quando a pessoa não contemporiza com aqueles que se acostumaram com a sua identidade adaptada e que lhes traz conveniências;

• Merton não ignora a necessidade das identidades sociais para a vivência do cotidiano, mas nos critica quando acreditamos que nossa face exterior é nossa profunda e única identidade, o centro em torno do qual vivemos. Pois se limitarmos nossa compreensão sobre nós mesmos a isso, o ego passa a atuar como um obstáculo para a realização do verdadeiro eu. Essa reflexão é aderente à visão junguiana, e traz o entendimento de que não se trata de eliminar a *persona*. Viver em sociedade exige comportamentos minimamente ajustados aos pactos sociais que norteiam a civilização, que começam com regras simples de etiqueta e avançam até o arcabouço de leis complexas. Mediar a vida num grupo social implica também ceder, atender às expectativas, fazer renúncias em prol de relacionamentos significativos ou, minimamente, de um viável convívio social. Mas nossa atenção deve estar focada em não fazer um investimento excessivo nessa imagem e nesse modo de ser. O risco que se deve evitar – e aqui tanto faz a referência teórica, Freud, Jung ou Merton – é o de deixarmos sucumbir nossa própria singularidade diante da vida de superfície que todos devemos, em boa parte, atender em prol de nossa socialização.

Mirando esse desafio, Merton (1975b, p. 71-72) concluiu, ao referir-se a Freud e Jung, que "devemos prestar atenção ao seu diagnóstico do homem moderno. [...] De modo certo ou errado, esses profetas estão todos interessados pelo principal problema que nos defronta: o homem não é ele mesmo". Usando uma alegoria bíblica, Benner (2004, p. 87-89) traz a mesma questão: "Em todo momento de cada dia da nossa vida, Deus vaga pelo nosso jardim interno, à procura de nossa companhia. O motivo de Deus não nos encontrar é que estamos escondidos na moita de nosso falso eu. O chamado de Deus é terno e persistente: 'Onde está você? Por que se esconde?'".

O verdadeiro eu

> *Há em nós um instinto para a novidade, para a renovação, para a liberação do poder criativo. Buscamos despertar em nós mesmos uma força que realmente mude nossas vidas a partir de dentro. E, contudo, o mesmo instinto nos diz que essa mudança é a recuperação daquilo que é mais profundo, mais original, mais pessoal em nós. Nascer de novo não é tornar-se uma outra pessoa, mas é "nos tornarmos nós mesmos"* (Merton, 2004a, p. 206).

Se a tarefa de definir o falso eu não é difícil, dado ser uma realidade muito íntima e presente no cotidiano de qualquer pessoa, não se dá o mesmo quando se pensa no verdadeiro eu que, segundo Merton (2007) é tão secreto quanto Deus e, como Ele, escapa a todo conceito que pretenda captá-lo completa e totalmente. Segundo o autor (1963), o verdadeiro eu não pode ser tomado e estudado como um objeto, e seria uma inútil arrogância tentar coisificá-lo como algo à parte do ser. Afinal, na sua concepção, o verdadeiro eu, não é algo à parte que se olha com objetividade: o verdadeiro eu somos nós em nossa inteireza.

Esse ponto já representa um divisor de águas entre falso e verdadeiro eu: o primeiro, embora seja em parte produzido por escolhas inconscientes, pode ser desenvolvido conscientemente a partir de nossas decisões unilaterais; já o verdadeiro eu segue ditames divinos, além e à parte de nossa autonomia. Merton (1963) comenta que ele só pode ser e agir de acordo com leis interiores e profundas, leis essas que não são de fabricação humana, pois que emanam de Deus.

Isso traz uma dificuldade teórica: como capturá-lo com nosso intelecto sem trair a essência daquilo que não se localiza por meio de uma busca cognitiva, mas tão somente mergulhando profundamente numa experiência interior imersa num universo sem palavras? Há um exercício de delicadeza implicado aqui, pois até onde Merton (2004a) nos explica, articulá-lo e verbalizá-lo é corrompê-lo e, sob certos aspectos, destruí-lo. Assim, para o escopo deste estudo, ainda que se parta da premissa de que descrever e analisar objetivamente o verdadeiro eu será necessariamente um esforço precário, considera-se que qualquer esforço é melhor do que esforço algum, e que cada leitor poderá se beneficiar com suas próprias intuições a partir da costura de referências mertonianas colocadas em perspectiva.

Horan (2014) comenta que possivelmente o primeiro registro, bem embrionário, que Merton escreveu sobre o verdadeiro eu se encontra numa anotação de seu diário de 3 de setembro de 1941, em que ele escreve que aquilo que nós somos – a nossa identidade– é verdadeiramente conhecida apenas por Deus, e que nosso maior medo da morte se deve a estarmos diante do Criador e de nossa verdadeira identidade. Veremos a nós mesmos como realmente somos, e quão destoante e desconcertante isso poderá ser em comparação com o que fomos.

Essa breve reflexão nos antecipa o quanto Merton já refletia, antes mesmo de sua entrada na Abadia de Gethsemani, sobre o desconhecimento que a pessoa tem de sua verdadeira identidade, sobre Deus como único conhecedor dessa singularidade, e sobre a morte como momento de confrontação com o verdadeiro eu. Embora o primeiro texto publicado que aborda esse tema seja a obra *Sementes de contemplação*, concluída no verão de 1948 e impressa pela primeira vez em 1949, é interessante verificar que a questão identitária, numa perspectiva mais geral, já era um tema que ocupava sua mente. No mesmo ano de 1941 em que fez o citado registro em seu diário, quando ainda dava aulas de inglês na Bonaventure University e já planejava, com pouca convicção, entrar para o mosteiro trapista, escreveu um romance de nome *My arguments with the gestapo: a Macaronic Journal*[18], espécie de novela com cunhos autobiográficos onde traz uma reflexão que, de alguma forma, cria ressonâncias com o verdadeiro eu:

> Se você quiser me identificar, não me pergunte onde eu moro, ou o que eu gosto de comer, ou como penteio meu cabelo, mas pelo que eu acho que estou vivendo, em detalhes, e me pergunte o que eu acho que está me mantendo a viver plenamente para o que eu quero viver. Entre essas duas respostas, você pode determinar a identidade de qualquer pessoa. Quanto melhor a resposta que ele recebe, mais ele é uma pessoa [...] estou o tempo todo tentando dar a resposta enquanto vivo (Merton, 1969, p. 160-161).

---

18. Esse texto, ainda não traduzido para a língua portuguesa, era uma obra apreciada por Merton, que desejava sua publicação e chegara inclusive a escrever um prefácio. Só foi publicado nos Estados Unidos em 1969, um ano após a morte do autor e quase trinta anos após sua escrita.

Por ocasião da escrita de *A Montanha dos Sete Patamares*, concluída em 1946[19], Merton seguiu pensando no tema. Horan (2014, p. 110) conta que foi excluído da versão original do livro um esboço do conceito de verdadeiro eu. Nesta passagem não aproveitada na obra, Merton reflete: "Nossa felicidade consiste na recuperação de nossa verdadeira natureza: a natureza segundo a qual somos feitos à imagem de Deus e no cumprimento de nossas capacidades naturais purificadas pela graça e glória sobrenaturais. Nossa felicidade consiste em ser como Deus, sendo identificados com Ele, em Cristo".

Trata-se de um parágrafo curto, porém fértil em *insights*. Por meio dele, pode-se observar que Merton, em apenas duas frases, condensa pontos fundamentais que já se encontravam em seu campo de atenção e análise: que o verdadeiro eu, ali chamado de "verdadeira natureza", remete à criação da pessoa como imagem de Deus; que está associado ao cumprimento das capacidades naturais potencializadas pela graça e a glória sobrenaturais; e implica uma identificação com Deus mediada pelo Cristo.

Horan argumenta que já havia em Merton, nessa época, forte influência do pensamento do frade franciscano Duns Scotus na compreensão do verdadeiro eu, e conta que os manuscritos de "A Montanha..." continham, originalmente, várias intuições teológicas de Scotus, suprimidas da versão final por sugestão da editora Naomi Burton. Entre os pontos que chamavam a atenção de Merton se encontra o conceito de *Hecceidade* (do latim haecceitas) definido em alguns dicionários como a "essência" de uma coisa, os aspectos que a tornam uma coisa particular. Trazendo

---

19. Dois anos separam o encerramento da escrita e a sua publicação, que só ocorreria em 1948. A lacuna deve-se, em grande parte, ao tempo necessário para as contribuições da editora que publicaria a obra e a aprovação eclesial do texto final. "A Montanha..." sofreu vários enxugamentos editoriais para gozar de maior apelo público, e vários cortes da Igreja em pontos que esta não considerava adequados.

essa premissa para a humanidade, a hecceidade se refere ao que há em cada pessoa que a torna singular com relação às outras. Transpondo esse conceito para a teologia bíblica, representa dizer que a intenção criativa de Deus não teria sido criar a raça humana como um bloco indistinto, **mas cada pessoa individualmente**. Assim, a leitura de Gênesis 1,31 não deveria se limitar a pensar que a humanidade em geral foi criada "muito boa", mas que **toda e qualquer pessoa** foi criada muito boa. O pesquisador escocês Allan Wolter (1992) entende que esta noção de hecceidade, quando aplicada à pessoa humana, parece atribuir a cada um de nós um valor único, como alguém amado separadamente por Deus, independentemente de algum traço que possamos compartilhar com alguém ou de qualquer contribuição nossa à sociedade. Horan (2014) complementa, argumentando que o que nos faz sermos amados por Deus e dignos do amor de outras pessoas não é o que temos ou fazemos, mas quem somos – individualmente criados, desejados e amados por Deus – que essa singularidade é a fonte de nossa dignidade e valor.

Avançando em sua obra, quando Merton traz à luz, no ano subsequente à publicação de "A Montanha...", o livro *Sementes de Contemplação*, a premissa de Scotus se fará presente nesta reflexão:

> Deus me "pronuncia" como uma palavra que contém um pensamento parcial de si mesmo. [...] se eu for fiel ao conceito que Deus pronuncia em mim, se for fiel ao pensamento dele que eu estava destinado a encarnar, estarei repleto de sua realidade e o encontrarei em todo o meu ser, e não me encontrarei em lugar algum. Estarei perdido nele; isto é, encontrarei a mim mesmo. Serei "salvo". [...] Quem de nós é capaz de entrar em si mesmo e encontrar ali o Deus que o pronuncia? (Merton, 2017, p. 48-49).

Nesse raciocínio, Merton vincula o verdadeiro eu a uma palavra e a um conceito que Deus pronuncia ao criar cada pessoa. Um pensamento singular emitido pelo Criador encarna no ato da criação de cada um de nós, e conhecer o verdadeiro eu seria, nessa perspectiva, o equivalente a nos conhecermos a partir do pensamento que Deus teve sobre cada um de nós separadamente. Está implícito aqui o entendimento de que dar vida ao verdadeiro eu ao longo da existência seria acessar essa palavra única e dar cumprimento ao desígnio divino que a precedeu. Mas que desígnio é esse?

Fazendo um paralelo com a reflexão da psicologia junguiana, é apropriado retomar a singela reflexão de Jung na qual ele diz poeticamente que o que a natureza pede à macieira é que produza maçãs, da pereira que produza peras e do homem que seja simplesmente homem. Merton parece se inspirar nessa metáfora, ao dizer que

> Uma árvore glorifica a Deus sendo árvore, pois, sendo o que Deus tenciona que seja, ela lhe obedece. Ela "consente", por assim dizer, aceita seu amor criador. Está expressando uma ideia que está em Deus e que não é distinta da essência dele. Portanto, a árvore imita a Deus sendo o que é: uma árvore. Quanto mais uma árvore for como é, mais se assemelhará a Deus. Se tentasse assemelhar-se a outra coisa que nunca foi destinada a ser, seria menos semelhante a Deus e, portanto, lhe daria menos glória (Merton, 2017, p. 41).

Essa análise dialoga com o conceito de falso eu, na medida em que alguém que procure se parecer com qualquer coisa que não tenha sido destinado a ser, ou com qualquer pessoa que admira, deixa de encarnar a palavra que lhe foi fundante e, ainda que viva uma vida de virtudes, "glorifica menos" a Deus. Ou seja: não explora tudo o que poderia ter sido se fosse fiel à palavra que introduziu sua presença na história.

O trabalho de Merton se assemelha a uma espiral na qual esse conceito ora é traduzido numa metáfora, ora numa reflexão objetiva. Em seus diários, substitui as árvores por pássaros e faz poesia: "Estimados amigos, pássaros de nobre linhagem, não tenho outra mensagem a dirigir-lhes senão essa: Sejam o que são, isto é, sejam pássaros. Unicamente assim vocês serão um sermão para si mesmos" (Hart; Montaldo, 2001, p. 282).

Não podemos ignorar, porém, que Merton insiste na vinculação de uma "inviolável identidade" de **cada** pessoa à glorificação de Deus, ponderando que cada um de nós, dentro da nossa individualidade e natureza, com todas as características que nos são peculiares, glorificamos a Deus sendo exatamente quem Ele quer que sejamos **individualmente**. É uma nuance que diferencia o ser humano de árvores e pássaros. Se o papel destes é viver como quaisquer outras árvores ou pássaros de sua própria espécie, o papel do ser humano se descola de um conjunto de características comuns à sua natureza e se diferencia na individualidade de cada um de seus integrantes, fazendo de seu verdadeiro eu um eu verdadeiro e que não se repete. Bonowitz (2015), alinhado com esse pensamento, avalia que o verdadeiro eu se regozija em sua singularidade em meio a um universo de bilhões de seres igualmente únicos.

Na visão mertoniana, portanto, pensar no verdadeiro eu implica reportar-se a um enraizamento em Deus, de onde flui sua individualidade; e viver plenamente e em abundância significa alinhar-se a essa descoberta na sua encarnação na história. Merton (2003) insiste que cada um de nós tem a sua vocação e é chamado a ocupar no reino um lugar especial. Se encontrarmos esse lugar, seremos felizes.

O avanço dessa reflexão requer pensar como isso se materializa no cotidiano da vida. Numa análise preliminar, é compreensível que, se Deus já conhecia a pessoa antes que ela se formasse no ventre materno, o verdadeiro eu seria pré-existente, pronto e acabado, caracterizando-se, portanto, como algo a ser descoberto, feito os objetos das parábolas do tesouro escondido, da dracma perdida ou da pérola de grande valor. Entretanto, Merton sugere que o verdadeiro eu, além de ser algo interno que deve ser buscado, **é também algo que se desenvolve** e está associado ao cumprimento e realização de nossas capacidades naturais. Para ele, somos chamados a participar da ação criadora de Deus, criando a verdade de nossa identidade. Bailey (1975) reflete que, dentro de si mesmo, o novo homem não descobre uma identidade completa, mas uma identidade potencial. Essa identidade tem sua semente divina impressa no ato da Criação, mas se desenvolve e adquire robustez a partir do espaço que a pessoa lhe dá na vivência da existência comum. Merton (2017) conjuga bem essas ideias ao falar da constituição humana como uma obra em conjunto entre a pessoa e o Criador. Ele entende que nossa vocação não consiste simplesmente em ser, mas em trabalhar junto com Deus na criação de nossa própria identidade e destino. Essa perspectiva suscita pensar que o sujeito não é passivo ou simples herdeiro de um verdadeiro eu, mas um cocriador, um coprotagonista de sua própria constituição subjetiva, na mesma medida em que, na narrativa bíblica, de forma metafórica, Deus cria a natureza, mas convida o homem à participação, pedindo que ele dê um nome para cada ser e os administre. Em *A Oração Contemplativa* (2018), Merton fala mais especificamente que a pessoa é chamada por Deus a **criar um sentido** que irradie Sua verdade, e que nossa verdadeira identidade está oculta no chamado de Deus à nossa liberdade e **na nossa resposta a Ele**, o que permite articular o verdadeiro eu a uma palavra divina que nos é dada **e o que cada pessoa consegue encarnar (e fazer de sua vida) a partir dela.** Por isso, Bonowitz (2015) lembra que a palavra criada que somos é, ao mesmo tempo, pergunta e resposta. Quando Deus escolhe nos dar um ser, está nos propondo uma possibilidade e nos oferecendo uma plenitude de identidade. Sua proposta, porém, é uma pergunta que só pode ser respondida por nós mesmos, fazendo uso de nossa liberdade. O que depende de nós? A decisão sobre como responderemos à questão é o enigma e o desafio de cada um.

A pergunta seguinte se relaciona com o *como*. Como, fazendo uso de nossa liberdade, participaremos de forma adequada ao desenvolvimento de nosso verdadeiro eu? A sugestão vem de Merton (2017, p. 51): "Quando dou meu assentimento à vontade e à misericórdia de Deus como esta me 'vem' nos acontecimentos da vida, fazendo apelo ao meu ser íntimo [...]". Bonowitz (2015) complementa que seremos bem-sucedidos quando aprendermos a ser suficientemente quietos para identificar essa vontade em todas as suas manifestações.

Esse exercício de quietude, de escuta atenta e de identificação da vontade de Deus diante das decisões da vida comum constitui um dos desafios para qualquer pessoa e Merton usará boa parte de seu tempo não só para viver essa experiência como também para servir de guia para quem se afinar com a proposta. Um pouco de suas reflexões nesse sentido será tratado no capítulo 4 ao abordarmos o tema da contemplação.

Importante, antes disso, avançarmos para mais uma nuance do conceito de verdadeiro eu e pensar que ele é a pessoa toda, não um pedaço da pessoa. Tão complexo quanto os pontos anteriores, este ângulo de análise provoca uma reflexão orgânica sobre o ser, e tem como ponto de partida a assertiva de Merton (2007) de que o motor de um carro é parte do carro, mas o verdadeiro eu não é uma parte do nosso ser – ele é nossa realidade substancial em sua totalidade, e portanto permeia, abarca e ultrapassa todo o nosso ser. Finley (1992) também toca no assunto por meio de uma metáfora: o verdadeiro eu não é uma identidade obscura que iremos puxar da escuridão como puxamos um coelho da cartola. Ele é nosso eu diante de Deus, o eu que Deus nos criou para ser, um eu que respira, senta e levanta.

Merton faz um importante avanço teórico ao pensar nessa questão do verdadeiro eu de uma forma não fragmentada. Por conta das limitações impostas pela linguagem, é fácil cair na tentação de imaginá-lo como algo concreto escondido em algum lugar, como o coelho da cartola de Finley que, por meio da habilidade do mágico, pode ser sacado de um fundo falso no chapéu. Também não é uma joia que se ostenta no pescoço, como se a pessoa e o verdadeiro eu fossem entidades separadas. O verdadeiro eu é **a própria pessoa**, que, por conta de processos de alienação, vive entorpecida, com a escuta viciada em perceber apenas aquilo que faz barulho, condicionada a escutar vozes outras que não a sua e muito menos a de seu Criador. Segundo Merton (2007), o verdadeiro eu é simplesmente o que realmente somos e nada mais. Nada mais, nada menos.

Essa premissa é importante para a compreensão de que o processo de transformação passível de acontecer a partir de uma vivência radical do verdadeiro eu se dá pela via da integração de todas as forças da pessoa numa única realidade perfeita, numa coordenação harmoniosa das forças da pessoa que luta para realizar suas potencialidades espirituais mais profundas (Merton, 2006).

Esses poucos apontamentos sobre o verdadeiro eu são suficientes para se perceber a complexidade do trabalho interior a ser feito. Compreender o verdadeiro eu e viver segundo sua essência implica um exercício delicado e que exige paciência, pois, conforme afirma Merton poeticamente, o verdadeiro eu "é como um tímido animal silvestre, que nunca se mostra na presença de seres estranhos e que só se manifesta quando tudo está perfeitamente pacífico, em quietude, quando está só e não é perturbado por nada" (Merton, 2007, p. 9).

Embora este estudo não tenha a pretensão de seguir uma linha pragmática ao estilo do "como alcançar e desenvolver seu verdadeiro eu", o capítulo seguinte se dedicará a explorar algumas reflexões essenciais sobre uma jornada para o verdadeiro eu, ainda que na premissa de que, ao fim e ao cabo, qualquer peregrino que se aventure nessa empreitada continuará tateando no escuro e, em certa medida, enxergando uma imagem imperfeita num espelho embaçado (1Cor 13,12).

3
Peregrinação do falso ao verdadeiro eu

O trabalho sobre o falso eu

Merton nos conduz ao longo da jornada para Deus na qual o eu que começa a jornada não é o eu que a conclui. O eu que inicia é o eu que pensávamos que éramos. É o eu que morre ao longo do caminho até que ao fim, não há "ninguém". Esse "ninguém" é nosso verdadeiro eu. [...] É o eu em Deus, o eu maior que a morte, ainda que nascido dela. É o eu que o Pai ama para sempre (Finley, 1992, p. 17).

Introdução

Este capítulo se propõe a trazer algumas reflexões de Merton que nos estimulem a nos movimentarmos na existência de forma mais livre com relação ao falso eu e de maneira mais condizente com os ditames do verdadeiro eu, e busca organizar pistas para esse percurso. Não se pretende elaborar nenhum guia prático na linha do "faça-não faça" – pois nada estaria mais distante da proposta de Merton –, mas tão somente apresentar alguns pontos de atenção enfatizados por ele para quem busca empreender esforços para uma travessia.

Considerando a complexidade do tema, sempre haverá prejuízos em simplificar aquilo sobre o qual Merton se empenhou em pensar e escrever ao longo de toda uma vida amadurecida por leituras, debates e experiências. Contudo, esse esforço não deixa de ter seu valor como uma aventura reflexiva, desde que ressalvando que a proposta aqui se concentra apenas em chamar a atenção para algumas ponderações de Merton nesse campo, feito marcações de lugares num mapa que se usa para conseguir chegar a algum destino, ainda que esse mapa seja uma representação imperfeita do trajeto real e que se considere que só se chega ao lugar desejado viajando, e não apenas estudando o mapa.

Por sinal, a metáfora da viagem é muito alinhada com a perspectiva do trabalho de Merton. Thomas McDonnel que editou *A Thomas Merton reader* (1974), diz na nota que abre essa coletânea que a imagem de uma jornada como forma de busca teve sempre uma grande força na vida de Merton e em seu trabalho espiritual, Segundo ele, a jornada física, assim como a espiritual, bem como as formas psicológicas e culturais de busca, são maneiras importantes de olhar para a vida e o pensamento de Thomas Merton. Por sinal, o universo da mística trabalha recorrentemente com metáforas de exercício de uma peregrinação, que podem estar presentes numa visita guiada a um castelo interior (Santa Teresa D'Ávila), na subida a um monte (São João da Cruz) ou mesmo um percurso de ascese[20] que atravesse sete patamares (Merton). Na tradição cristã, desde os primeiros séculos, fiéis se esforçam por peregrinar fisicamente até os lugares considerados santos, sempre imbuídos da ideia de que a mudança interior implica um estado de movimento, uma caminhada que passe por lugares geográficos

---

20. Em sua obra *Águas de Siloé* (1957), Merton define ascetismo como doutrina e prática de autodisciplina e domínio de todas as faculdades naturais para atingir a perfeição moral, intelectual e espiritual. Num sentido maior, diz ele, significa o esforço da alma, ajudada pela graça de Deus, para libertar-se de todo apego e desejo que não atinjam o próprio Deus. Ela nos prepara para a contemplação mística ou a acompanha, trabalho esse realizado por Deus e passivamente executado na alma pelo próprio Deus.

e psicológicos que possibilitem um deslocamento existencial necessário a grandes transformações.

Por outro lado, a metáfora de uma peregrinação pode ser inadequada se suscitar a equivocada ideia de que as elaborações produzidas por Merton construíram uma metodologia ou um conjunto de passos rígidos e sequenciais que sucedem uns aos outros de forma linear e harmoniosa rumo a um objetivo. Antes, seus escritos chegam para o leitor na forma de uma conversa sincera e sempre inacabada de um peregrino que deseja dividir com outros aquilo que fez parte de seu próprio percurso espiritual, brindando seus interlocutores com reflexões que surgem aqui e ali enquanto ele fala sobre um ou outro assunto e alimenta uma fogueira e assa umas batatas. Qualquer sistematização nesse campo é inevitavelmente precária, como também serão sempre insuficientes os esforços de cada um ao seguir as intuições com as quais ele nos brinda. Isso porque a experiência de cada um é única, como também pelo fato de que qualquer trabalho interior que saia da superficialidade e da vontade egóica depende apenas em parte da pessoa, mas sobretudo de Deus. Por isso, Merton (1978) sempre enfatiza que o fato de a pessoa ter se aberto a uma experiência não é garantia de nada. Afinal, pensa ele, não construímos nossas vidas em nossos próprios termos. Qualquer pretensão desse tipo é querer afirmar que nosso eu é fundamental e supremo – logo, uma ficção egóica do falso eu. Sendo a busca do verdadeiro eu muito mais do que o conhecer-se a si mesmo da psicologia, o trabalho passa necessariamente por Aquele que nos criou e nos idealizou em nossa singularidade.

Se há uma ação imprescindível para que qualquer pessoa avance em direção ao essencial de si mesma, essa ação consiste em buscar a fonte da qual é imagem e semelhança, mas, ainda assim, tendo a humildade de compreender que, ainda que haja muita força de vontade e planejamento racional, o alcance da "meta" não está garantido.

Mas há, por certo, várias camadas a serem trabalhadas, entre as quais aquelas relacionadas ao falso eu. Seu manejo, de ordem mais psicológica do que espiritual, depende sim, em boa parte, de nós. Como trabalhar nisso é o conteúdo que será tratado neste capítulo.

Um falso eu que perde sua força por meio de desconstruções da persona e do desapego

Em seu livro baseado na teologia do verdadeiro eu, Finley (1992, p. 88) pergunta-se: "Como podemos fazer nascer nosso verdadeiro eu? Como podemos emergir de nossa falsidade e assumir nossa verdadeira identidade, desprovidos de toda busca ilusória?".

Merton ensaia com prudência algumas reflexões, alertando que, no retorno a Deus e a nós próprios é necessário começar pelo que de fato somos, considerando nossa condição de alienados. Usando a terminologia mertoniana, o peregrino deve começar pelo que melhor conhece: o falso eu. Merton escreve em *Homem algum é uma ilha* (2003) que a pessoa não pode encontrar Deus em si mesma nem se encontrar nele se não tiver coragem para ver-se como é, com todas as suas limitações. E insistirá no mesmo ponto em *A experiência interior: notas sobre a contemplação* (2007), alertando que precisamos reunir os fragmentos dispersos da nossa existência para que, ao dizermos "eu", haja alguém de verdade presente para dar sentido e apoio ao pronome pronunciado.

Essa assertiva de Merton é densa e merece desenvolvimento. Quando ele fala sobre esse "alguém presente" que responde a partir de um eu autêntico, está mais uma vez nos convidando a repensar a verdadeira Torre de Babel que fizemos de nós mesmos ao agregar à nossa identidade as demandas e desejos que foram depositados sobre nós ao longo da vida. Em outras palavras: quando alguém se dirige a uma pessoa, a partir de que lugar aquela responde? A partir de si mesma ou da forma como responderiam seus pais, seu cônjuge, alguém de sua admiração, ou mesmo a partir de como ela sabe que seu interlocutor ficaria bem impressionado com a resposta? Quando essa pessoa formula um pensamento, é de fato sua forma de pensar ou é algo alinhado com a maneira com que as pessoas que admira responderiam?

Como foi visto mais atrás, a criança aprende, desde cedo, a trazer para si atributos ou experiências de pessoas a quem admira, e esse processo de identificação ocorre durante quase toda a vida, mudando apenas as pessoas de referência nas quais ela se inspira. Viver ou se apresentar como alguém que seja um objeto de sua identificação é o avesso do verdadeiro eu, e essa tendência humana de ser a partir dos outros é algo tão corriqueiro que muitas vezes nos parece que nossas decisões são sempre aderentes ao nosso próprio desejo.

Shannon (1996, p. 19) conta que, em 1968, um jovem escreveu para Merton dizendo que gostaria de ir a Gethsemani, porque se sentia fortemente impressionado com seus escritos. Merton, porém, o advertiu a orar, buscar a vontade de Deus, criar suas concepções a partir de um terreno mais firme, ser discípulo de Cristo e não de qualquer homem: "eu não tenho discípulos, não procuro por discípulos, e não acho que eu poderia ser de utilidade para discípulos". Esse era um cuidado que ele procurava ter sempre, pois servir de modelo para alguém seria contraditório com tudo o que ele mais desejava, que era contribuir para que cada um pudesse ser fiel a si mesmo, e não uma cópia de outrem. Infelizmente nem todos seus esforços foram eficazes: muitos jovens ingressaram no mosteiro de Gethsemani atraídos pela leitura de *A Montanha...* e conta-se que até hoje muitos que passam por Lousiville procuram o cruzamento da Fourth com Walnut buscando ter alguma experiência mística naquela mesma esquina onde Merton teve a sua[21].

---

21. Esse episódio sobre a experiência mística de Merton em Louisville será contado mais adiante quando for retomada sua biografia nas páginas seguintes.

Merton tinha uma preocupação adicional sobre o falso eu em relação a si próprio, pois como se tornara uma pessoa pública, havia uma multiplicidade de "Mertons idealizados" na cabeça de seus leitores, e se ele não fosse atento a isso, viveria o resto de seus dias tentando corresponder a essas imagens, identificações e expectativas depositadas nele. Certa vez confidenciou a Finley que faria muito bem se percebesse que todas as formas de sentir orgulho de si mesmo tinham um perigoso potencial para a vida espiritual. Se ele, Merton, fizesse algo motivado pelo orgulho de ser quem era, e se Finley agisse de modo diferente quando fosse promovido, ambos estariam "mortos" (Finley, 1992).

Na mesma obra, Finley reproduz uma história que Merton lhe contou: alguns anos antes, um homem que estava organizando um livro pediu a ele sua visão pessoal sobre como havia se tornado um sucesso. Merton sentiu-se indignado e afirmou que não se considerava um sucesso de qualquer ordem. Se havia escrito um best-seller, essa não havia sido sua intenção, e que teria muito cuidado para não cometer o mesmo erro. E aconselhou: seja um bêbado ou um bastardo, mas evite a qualquer custo o sucesso.

Essas considerações falam de uma operação psíquica delicada e difícil, especialmente considerando que, conforme visto no capítulo anterior, encarnar-se no mundo pressupõe um processo de inserção social, em afirmar-se, construir uma imagem perante os outros, ser conhecido e reconhecido, encontrar um lugar, lutar por ele. Cada um empreendeu sua luta por consideração e admiração e dispõe de um currículo que construiu à custa de muito esforço. Será possível abrir mão disso como se fosse vapor, assim como procurava fazer Merton? Que mal haveria em colher louros do esforço pessoal?

Benner (2004) ajuda com uma reflexão. Para ele, o problema do falso eu é que ele funciona. Ajuda-nos a esquecer que estamos nus. Ainda que o delicado trabalho a ser feito com a *persona* não cogite a realização de uma ruptura com o ego nem com as estratégias criadas para uma bem-sucedida interação da pessoa com seu mundo, mesmo assim requer um desprendimento necessário para alguém dar-se conta de que os títulos acadêmicos ou profissionais que adquiriu até então, o reconhecimento social, o lugar que ocupa na sociedade e as referências identitárias que alimentam sua autoimagem e autoestima não passam de cascas sobrepostas umas às outras, nada mais que a representação de uma ficção social em só até certa medida necessária para a vida num coletivo. Mas não é simples para ninguém se dar conta de que tudo aquilo que funcionou como seus alicerces pode ser um bloco de cimento que o prende pelos pés e que tudo o que pensava de si mesmo pode não ser nada, a não ser, conforme diz Merton (2007), um personagem fictício, ocupado ativamente em auto personificar-se no mundo dos negócios, da política, no mundo acadêmico ou no religioso. E se alguém considera que já é modesto o suficiente para não se firmar em seus próprios títulos, talvez não se dê conta de que os lugares sociais também são fontes de construção de conhecimento e de formas de ver o mundo. O trabalho de despojamento não se restringe apenas a alguém ver-se livre com relação à sua identidade profissional. Implica ter a mente aberta para ver o mundo de forma distinta daquela com que sempre aprendeu a vê-lo. Fazer a experiência mística será sempre um esforço vão se o filósofo quiser compreendê-la a partir de sua formação em filosofia ou se o psicólogo descartar tudo aquilo que contraria os conceitos que lhe dão suporte em seu trabalho de consultório. Libertar-se do falso eu não é apenas uma questão de rasgar currículo, mas de expor-se à experiência de renunciar ao universo cognitivo que o ajuda a compreender o mundo. É expor-se à aventura de um não sentido.

Exercitar o desapego ao que se é e ao que se tem faz parte da jornada. Mas... desapegar-se de que? Pensamos sempre nos mais óbvio: posses e reconhecimento social. Mas apegos podem ser de outra ordem, como a consciência da própria força a partir de desafios enfrentados ou um sentimento de potência a partir de superações obtidas a preços altos. Independentemente dos apegos nos quais cada um se retém, Merton convida a pensar que, embora todos os nossos esforços tenham se constituído como fator de sobrevivência, de bem-estar e saúde mental, o que se conseguiu ser e obter até aqui é bem menos do que aquilo para o qual a pessoa nasceu. Quando alguém resolve mergulhar em águas mais profundas e empreender uma busca interior mais radical, tudo o que dá segurança é peso e não asa. Prende ao solo e não faz voar. A melhor estratégia para fazer a caminhada, portanto, não é outra senão a nudez da alma.

Uma rápida visada bíblica fortalece essa compreensão. A conhecida passagem de Mt 16,24-25 diz: "Se alguém deseja seguir-me, negue-se a si mesmo, tome a sua cruz e me acompanhe. Porquanto quem quiser salvar a sua vida, a perderá, mas quem perder a sua vida por minha causa, encontrará a verdadeira vida". No contexto pensado por Merton (2004a), essa passagem do Evangelho adverte que, para nos tornarmos nós mesmos, precisamos morrer. A fim de descobrirmos nosso verdadeiro eu, o falso eu – o eu exterior – deve perecer ou, pelo menos, tornar-se irrelevante.

Merton fala de morte no sentido de algo de que se deve abrir mão em troca de uma verdadeira vida, tal qual o oásis que só se encontra depois que a pessoa deixa de ir atrás de miragens. Esse oásis, o verdadeiro eu – ou a verdadeira vida – para agir como norteador da existência, precisa da superação das miragens – o falso eu. Ele aprofunda essa reflexão alegando que a pessoa, ao comungar com Deus na morte e ressurreição de Cristo, deve passar pela morte espiritual em que seu eu exterior é destruído e seu eu interior se ergue da morte pela fé (Merton, 2007). Importante, portanto, não pensar na negação de si mesmo, na perda da vida e na assunção da cruz como aspectos negativos, mas como uma introdução à vida abundante. Abre-se mão de um bem menor para conquistar o bem maior.

Merton defende que não existe autopunição no Cristianismo, que o cristão morre para viver, não para morrer. Quando alguém toma sua cruz para seguir a Jesus, se dá conta de que a Cruz é o sinal da vitória de Cristo sobre a morte, fonte de todo o nosso poder, treliça que faz crescer a Videira Mística de cujos ramos nós somos. Se quisermos compartilhar a vida daquela Videira, diz Merton, devemos crescer na mesma treliça e sofrer a mesma poda (O'Connell, 2015). É a mesma linha de raciocínio que Jesus usa ao afirmar que, "se o grão de trigo não morre, não produz nada" (Jo 12,24). É necessário que a pessoa faça morrer sua ilusão de grandeza e seu orgulho em relação a si para que uma "produção" mais essencial – o verdadeiro eu – consiga prosperar. Então, enfatiza Merton (1970), devemos deixar morrer a imagem fictícia que temos de nós mesmos – nossa autonomia, nossa fixação sobre o que somos –, e relaxar a tensão psíquica e espiritual que nos torna um emaranhado de nós dolorosos e vulneráveis que, na verdade, são as faces que conhecemos do nosso eu. Bonowitz (2015) observa que abrir mão do falso eu em níveis progressivamente mais profundos é o trabalho espiritual indispensável para qualquer um que deseje receber de volta a sua – única – identidade real.

Ainda que a experiência pessoal de Merton não seja um paradigma ideal para quem não fez sua opção monacal, é interessante voltar à sua história para ver que a jornada espiritual de ninguém será fácil, como a dele também não foi. Admitido em Gethsemani, ele passou a ser chamado de Irmão Louis e foi submetido à exigente Regra da Ordem. O que *A montanha dos sete patamares* não mostra é, em sua crueza, a dura disciplina a qual o jovem se submeteu após deixar para trás a vida secular. Bailey (1975) traz importantes informações sobre o novo estilo de vida que o noviço empolgado encontrou. Segundo ele, o contato com o mundo exterior era mínimo, não havia rádios nem televisões, nem jornais ou revistas. Visitas, apenas uma vez por ano, durante três dias. Cartas podiam ser enviadas e recebidas somente quatro vezes por ano. Deveria ser mantido o silêncio do Gethsemani e o noviço deveria aceitar estas cinco regras, que seriam transformadas em votos posteriormente: obediência, pobreza, castidade, conversão de costumes e estabilidade.

Os dormitórios eram minúsculos, os monges tinham que dormir vestidos, não havia ar condicionado ou aquecimento adequado, apesar do verão e do frio intensos do local. Seus moradores só podiam andar na floresta e nos campos quando tinham uma tarefa a cumprir, e a programação diária era bem exigente. Levantavam-se às 2h, para um período de duas horas de meditação e oração. Então vinha a missa e, após, mais duas horas meditando e orando, seguidas de um tempo de leitura "livre".

Às 7h, um leve desjejum – duas fatias de pão e café – e ao meio-dia era feita a refeição principal, à base de pão e vegetais apenas. À noite eram servidos pão e leite ou café. O restante do dia era dividido entre trabalho, estudo e adoração, e a flagelação autoimposta fazia parte da programação semanal.

Bailey (1975) registra que os primeiros anos de noviciado foram um período de purgação, e lembra que após sua ordenação, em 1949, Merton esteve fora de ação e incapaz de escrever por conta de exaustão emocional e problemas de saúde por cerca de um ano e meio.

Nada disso, porém, indica que Merton apregoou que o abandono do falso eu passa, necessariamente, por clausura, fome ou dor, nem é isso que está sendo sugerido aqui, mas não deixa de ser importante observar que a trajetória monástica acompanhada do descolamento com relação ao mundo exterior e às facilidades da vida contemporânea foram parte importante da experiência de Merton e contribuíram para fazê-lo avançar na sua jornada espiritual e no despojamento de si. Embora ninguém precise experimentar a radicalidade da experiência a qual ele se submeteu, isso não significa que alguém ficará isento de um esforço importante para experimentar o desapego radical como um dos principais trabalhos para neutralizar os exageros da *persona*. Por sinal, palavras como *desapego, desprendimento* e *simplicidade* são utilizadas recorrentemente, tanto nas reflexões de Merton quanto nas daqueles que meditam sobre seus ensinamentos. Entre eles, Sibélius Pereira (2014) chama a atenção para o fato de que a busca de Merton foi compromissada com um estilo de vida mais simples e por um desprendimento mais pleno e radical, e defende que o tema da simplicidade ocupa um lugar central nas meditações do autor. Eckhart, que foi fonte de inspiração para Merton[22], tem no desapego um lugar de centralidade maior do que o amor e a humildade (Teixeira, 2019), a ponto de ver como caminho espiritual um ato de completo esvaziamento.

Esse esvaziamento, pensa Bonowitz (2015), passa por variados setores que vão desde questões mais subjetivas até hábitos e coisas materiais. Ele cita: desapego aos vícios, prazeres e posses materiais, desapego a questões como autoestima, autorrespeito e qualquer autoimagem positiva (que, segundo Merton, nada mais fazem do que fixar o sujeito num orgulho egóico e num otimismo vazio) e o desapego às próprias ideias – enfim, tudo o que, segundo Bonowitz, obstrui a vinda de Cristo em nossas almas: – autossuficiência, orgulho, arrogância, sensualidade, violência, desassossego, barulho". Merton (2007) discutirá esse ponto trazendo a imagem

---

22. O padre jesuíta Robert Faricy (1996), conta que Merton já era leitor de Eckhart desde antes de entrar para a vida monástica. Relata que, em 1938, Merton *já* fazia uma primeira menção ao famoso místico em um de seus cadernos. E trinta anos depois, no ano de sua morte, Merton se referia a Eckhart como seu "bote salva-vidas".

do Cristo que, habitando a matéria, assumiu como Jesus nossa natureza humana, menos naquilo que não pode ser divinizado e do qual também nos deveremos despir, como a autoafirmação, a ganância e a luxúria; o desejo de sobrevivência e de perpetuação do eu superficial – enfim, tudo o que, segundo ele, orienta nossas paixões exteriores e egocêntricas. Esse aspecto precisa ser sublinhado, porque o acesso ao verdadeiro eu não é apenas uma empreitada que exige oração e caridade, mas também ascese, extinção de hábitos e comportamentos indesejáveis por meio de disciplina e força de vontade. Todo o dever do contemplativo, alerta Merton (2007), é abandonar o que é vil e trivial em sua própria vida, fazendo tudo o que estiver ao seu alcance para se conformar às ordenações secretas e misteriosas do Espírito de Deus.

De novo cabe aqui a metáfora do tesouro escondido e da pérola de grande valor, que condicionam que a pessoa se desfaça de outros bens para poder possuir aquelas riquezas que valem mais. Merton fez um caminho semelhante imediatamente antes e logo após sua admissão como noviço na Abadia de Gethsemani. Ele conta que colocou todas as suas roupas em uma caixa para enviar à Casa da Amizade, no Harlem, e, quanto aos seus livros, alguns levou consigo, outros deu a um amigo seminarista e a frei Philotheus, e os demais deixou para frei Irenaeus e sua biblioteca. O restante de seus pertences coube em uma mala de mão. Três manuscritos de romances inacabados seus foram incinerados, e suas anotações foram distribuídas a alguns estudantes. Ele embrulhou seus poemas e uma cópia que tinha do "Diário da Minha Fuga dos Nazistas"[23] junto a outro diário, e enviou-os a Mark Van Doren. O resto dos seus escritos ele enviou para Lax e Rice, em Nova York, e escreveu três cartas – para Lax, para a Baronesa e para seus tios –, ficando, então, pronto para seguir em frente.

---

23. No original, *Journal of my escape from the Nazis*, publicado postumamente em 1969 sob o título "My Argument with the Gestapo: a macaronic journal", já citado anteriormente aqui.

O que dá radicalidade ao tema do desapego e que faz com que muitos parem no meio do caminho é que, levado ao extremo, o ato de desapegar-se vai muito além de colocar velhas roupas numa caixa e doá-las, ou distribuir livros para amigos ou rasgar textos improdutivos – implica até o desapego ao orgulho que nutrimos pelas boas ações que praticamos e pelos bons resultados nas obras que ajudamos a produzir. Segundo Merton (2003), precisamos trabalhar sem esperar um resultado, amar sem desejar retribuição e viver sem considerações especiais. Todas as exterioridades são glórias mundanas, e quem tiver uma extensa folha de serviços de caridade deve lembrar do aforismo evangélico: "quando tiverdes feito tudo o que vos mandaram, dizei: 'Somos servos inúteis; fizemos o que devíamos fazer'" (Lc 17,10).

Mas, se é necessário desapegar-se de tudo, inclusive da satisfação pessoal com as boas obras, em cima de que colunas a pessoa se sustentará? O que sobra para aquele que se despe de tudo aquilo que lhe dá uma identidade, que lhe proporciona um lugar e lhe garante o amor dos outros? A resposta pode surpreender: um vazio.

Carr (1988) observa que a luz de Deus pode aparecer no lugar humilde que está vazio do eu. Sibélius Pereira (2015) especula que a ideia de desapego tenha a ver, em última instância, com preservar o lugar do 'vazio', para que possa ser preenchido por Deus. E Merton (1975) dá o tom: a experiência de auto esvaziamento, autoanulação e rendição é uma das maneiras pelas quais a Pascha Christi (morte e ressurreição de Cristo) toma posse de nossas vidas e as transforma.

O trabalho com a sombra

Além da luta contra a fixação em imagens, posses e objetos – simbólicos ou materiais –, outro trabalho que precisamos fazer é o que envolve aquilo que Jung chama de **sombra** e que Merton chamará de "eu escuro" (*dark self*). A produção de um falso eu leva a pessoa não apenas a construir uma imagem artificial de si mesma como também a esconder ou varrer para baixo do tapete aspectos de si mesma que não são socialmente aceitáveis. Há um esforço por negar sentimentos como raiva, rancor, insegurança, timidez ou frustração, e, uma vez que ficam encobertos por máscaras sociais, mantêm-se em latência e impedidos de uma elaboração. Jung alega que, ainda que a pessoa tente manter seus conteúdos reprimidos, essas forças, embora ocultas (logo, metaforicamente, "à sombra") exercem pressão sobre a pessoa em busca de expressão. Para ele, um dos maiores trabalhos no processo de crescimento consiste na integração da sombra na consciência. Em uma de suas obras, *Psicologia e religião* (2013), ele afirma que todos somos acompanhados por uma sombra, que quanto menos incorporada estiver à vida consciente, mais densa e escura ficará. A pessoa que percebe as suas próprias mazelas terá sempre maiores chances de corrigi-las. Mas se deixarmos a sombra recalcada e isolada da consciência, seu manejo nunca acontecerá, e ainda correremos o risco de que suas expressões irrompam de repente, num momento de desatenção. Seus conteúdos não são apenas um obstáculo, mas obstáculos inconscientes, que podem fazer fracassar até os esforços mais bem-intencionados.

Carr (1988) sustenta que uma sombra não reconhecida e aceita nunca tem seus conteúdos devidamente tratados, tornando-se a base das explosões irracionais, da projeção do mal ou da culpa ou das próprias qualidades negativas sobre os outros. E David M. Odorisio (2003), estudioso das articulações entre Merton e o hinduísmo, considera que Merton em algum momento acreditou que poderia simplesmente deixar sua escuridão interior do lado de fora do portão do mosteiro, e alega que isso teria sido um erro, pois logo viria a aprender que Deus não permite que a pessoa negligencie parte do que é. Ele aponta que, para que alguém se aproxime do Criador, ou mesmo de outras pessoas de forma mais íntima, deve primeiro chegar a um acordo consigo mesmo: com todas as suas faltas, falhas, culpas, falsas impressões, preconceitos e medos. Merton (2006), posteriormente, se deu conta dessa exigência e, em seus escritos, manifestou a preocupação com o fato de que poucos encaram seu lado escuro, preferindo, a isso, racionalizar, camuflar os próprios defeitos e exagerar os erros dos outros, escondendo os medos e forçando a si mesmos a acreditar em suas próprias mentiras. Aconselhou-nos a fazer um caminho diferente: aceitarmos o "eu escuro", pois a negação é um problema fundamental da vida espiritual (2007).

Odorisio relata que, numa conferência que realizou em 1965, Merton contou a seguinte história monástica irlandesa que remonta ao século IV:

> Ao construir a arca, Noé não tinha pregos de ferro e fez buracos e colocou pinos neles. Então ele fez buracos para cada pino que colocou na arca e fez um buraco e esqueceu de colocar um pino nele, bem no fundo da arca, que ficaria debaixo d'água. E quando todos os animais e as pessoas entraram na arca, e todos estavam na arca, e a coisa estava fechada, o diabo entrou também, e o diabo estava lá com todos esses outros animais na arca. E neste ponto, Noé abençoou a todos, então o diabo queria sair, se transformou em uma cobra e tentou rastejar por este buraco que restava, mas ficou preso naquele buraco e, portanto, acabou tapando-o. Por todo o tempo que a arca estava flutuando o diabo estava tapando aquele buraco. Então o diabo acabou sendo o melhor e o pior prego da arca. [...] Qual é a sabedoria desta história? O que em nós é mau e não gostamos é importante, tem que ser integrado em todo o nosso ser. Este é um fato importante. Por quê? Porque isso é apenas [o que] não queremos ter que olhar. Se há algo em nossa vida que não gostamos, algo que nos parece mau, gostaríamos simplesmente de não ter

nada a ver com isso – apenas para nos livrar completamente e não ter nada disso ao redor e acabar com isso. Viemos ao mosteiro para acabar com o mal. Uma vez que passamos pela porta do mosteiro não há mais mal. Exceto o mal que está no mosteiro! Que é o melhor e o pior prego da arca (Odorisio, 2010, p. 28-29).

A admissão da sombra, assim como a da persona, não é um exercício simples, especialmente para quem segue um caminho religioso, pois implica aceitar a realidade das próprias imperfeições – não aquelas de natureza quase inofensiva que se admite sem dificuldade por ocasião do ato penitencial ou do sacramento da reconciliação, mas as que cortam como o espinho na carne e que surpreendem por se manifestar a despeito do Batismo e de uma sólida experiência religiosa. Jung (1985) alega que as pessoas gostam de se acreditar senhoras da sua alma' e, segundo ele, se é fácil observar que o mundo é um embate entre sombra e luz, não é tão simples aceitar que esse embate também acontece em nosso interior. Finley (1992, p. 27) coloca a questão numa linguagem bíblica:

> [...] há algo em mim que me faz colocar sobre meu corpo folhas de figueira para ocultar a nudez, que mata meu irmão, que constrói torres de discórdia e que traz caos cósmico para a terra. Há algo em mim que ama a escuridão mais do que a luz, que rejeita Deus e, portanto, rejeita minha realidade mais profunda como pessoa humana feita à imagem e semelhança de Deus.

Merton não ignora que no coração do cristão, e mesmo nos coletivos de cristãos que professam sua fé, a consciência da própria sombra é obstaculizada pelo fato de considerarem que uma esforçada disciplina de práticas piedosas e a fidelidade no comparecimento a missas, sacramentos e campanhas de caridade os colocam numa posição diferenciada em relação à pessoa comum. Ele recorre à psicanálise para colocar suas preocupações sobre essa cegueira espiritual, afirmando que, ao seu ver, as descobertas de Freud e outros mostram que as maiores desumanidades são cometidas em nome da humanidade, da civilização, do progresso, da liberdade, da pátria e até de Deus, o que nos lembra que

> [...] no cultivo de uma consciência espiritual profunda existe um perigo permanente de autoilusão, de narcisismo, de evasão autojustificada da verdade. Em outras palavras, a tentação típica de pessoas com propensões religiosas e espirituais é cultivar um senso de retidão interior, ou de paz, e fazer desse sentimento subjetivo o teste final de todas as coisas. Enquanto esse sentimento de probidade os aprovar, tudo elas vão fazendo debaixo do sol. Mas esse sentimento interior (como comprovam os casos de Auschwitz e de Eichmann) pode coexistir com o máximo de corrupção humana (Merton, 1978, p. 276).

Se a autoconsciência sobre a superficialidade da persona nos ajuda a não perdermos de vista nosso eixo, o reconhecimento da sombra é um passo decisivo para a mudança. Na parábola do fariseu e do publicano, Jesus lamenta o autoelogio egóico do fariseu e manifesta contentamento diante da consciência que o publicano tinha de seus próprios erros.

Essa discussão remete à grande questão paulina com que se defronta todo cristão que não faz aquilo que julga correto, mas, ao contrário, realiza o que considera errado, contradição que paralisa a jornada de muitos ou, no extremo, os faz voltar pelos próprios passos para o ponto onde foi iniciada a peregrinação espiritual. Como diz Merton (2017), qual não é a nossa tristeza quando percebemos que a nossa natureza continua deformada pelo egoísmo e pela desordem pelo pecado, e que nos levam incessantemente de volta aos mesmos pontos de prazer, num processo cíclico de eterno retorno aos mesmos erros. Trata-se, segundo ele, do que os santos chamavam de compunção, ou seja, a dor e a angústia de sermos qualquer coisa, menos aquilo para o que fomos criados.

A complexidade dessa questão mostra seu lado mais frustrante: conscientizar-se sobre a *persona* e a *sombra* não representa um degrau que, uma vez ultrapassado, fica para trás. A influência social e a dinâmica do inconsciente continuam e continuarão a fazer suas produções de forma renovada e contínua, de maneira que as demais reflexões de Merton que serão apresentadas a seguir não partem do princípio de que as questões de persona e sombra já estão superadas e pacificadas no coração da pessoa, mas sim que – na melhor das hipóteses – a pessoa segue seu percurso espiritual mais atenta às armadilhas que cria contra si própria.

Retomar aqui fragmentos da biografia de Thomas Merton pode novamente nos servir de apoio, uma vez que visibiliza esses conceitos na forma de uma história de vida.

Quando, em 1948, *A Montanha dos Sete Patamares* foi publicada, Merton já conseguia perceber o que havia sido sua vida até 1944 (período aproximado até onde ele conta sua história nessa obra), e já tinha clareza dos erros, das máscaras e das sombras que o haviam acompanhado até a entrada na vida monástica. Entretanto, com o prosseguimento de sua história pessoal, novos *insights* foram surgindo, e anos mais tarde ele viria a descobrir que também seus esforços de escrita como monge em seus primeiros anos na Abadia constituíam uma nova persona, o que faria com que ele por muito tempo sentisse a necessidade de pedir desculpas pela "imagem pública artificial" de si mesmo criada após a publicação de *A Montanha dos Sete Patamares*. Bailey (1975) conta que Merton conseguia ter clareza, tempos depois da publicação do livro, de que já não se percebia mais da mesma forma como registrara suas impressões, e que olhava para o homem que escrevera o livro como alguém que olha uma velha fotografia que captura a imagem de alguém em dado momento de sua história pessoal, a quem não mais reconhece. Em seus diários, Merton escreveu em meados de 1951 que havia se tornado um homem muito diferente do que era. O homem que havia iniciado aquele diário e finalizado *A Montanha dos Sete Palmares* também tinha morrido. Para ele, o autor do livro era uma pessoa de quem ele nunca ouvira falar, assim como o diário fora redigido por um sujeito a quem ele não havia tido o desgosto de ser apresentado (Merton, 1954).

Elena Malitis, C.S.C (1990), autora de uma tese de doutorado sobre Merton[24], trouxe, num de seus artigos, uma compreensão sobre esse estado de espírito do monge trapista. Para ela, a autobiografia produzida por aquele homem de trinta e poucos anos trazia os pensamentos de uma pessoa e de uma vida inacabados. Era a história de alguém que passara por uma mudança radical, que transitava da descrença até a fé, da busca por si mesmo até uma autoentrega. Mas a obra refletia uma vida em processo, uma existência em luta por sua purificação, mas cuja jornada ainda se encontrava em andamento. Para a autora, o título metafórico de *A Montanha...* tenta transmitir exatamente a ideia de que Thomas Merton continuava na via. Sua jornada de fé prosseguia. O buscador ainda estava procurando.

Merton continuaria, segundo Malitis, a realizar uma série de conversões e a elaborar novas intuições sobre a vida, não permitindo-se cristalizar num único patamar. Num pensamento convergente, Carr (1988) entende que havia uma tentativa sincera da parte de Merton de transcender aos sucessivos *eus* que emergiam de cada expressão literária e espiritual, pois seu propósito era perder a si mesmo numa espécie de 'não identidade'. Na compreensão de Carr, Merton estava constantemente saindo da identidade externa

---

24. Sua tese de doutorado versou sobre o tema *Journey into the unknown: Thomas Merton's continuing conversion*. Publicou posteriormente um livro derivado dessa tese: *The solitary explorer: Thomas Merton's transforming journey*.

de monge ou escritor para o encontro com o verdadeiro eu num relacionamento com Deus.

A experiência de Merton nos ajuda a perceber o tanto de esforço que deveremos empreender para não nos deixarmos engolir por ficções de nós mesmos, esforço esse que não deixa de ser necessário pelo simples fato de tomarmos consciência da persona ou da sombra – muito provavelmente, ao contrário, maiores e incessantes esforços devem começar a partir daí, já que somos seres em processo.

Até porque nossa persona não é alimentada apenas por nós mesmos, mas por aquelas que nos rodeiam e que exercem enorme pressão associada a imperativos, rigidez e proibições. Aconteceu na experiência de Merton, rodeado por admiradores que esperavam que ele continuasse alimentando uma imagem já conhecida, não havendo o menor interesse de seu público que ele avançasse para outros patamares de entendimento e de vida. Ele escreve em 1965 (Inchausti, 2007, p. 190-191), que observava que as pessoas que liam seus livros tinham criado uma identidade para ele e demandavam que ele se mantivesse para sempre como o jovem monge de vinte anos antes, "superficialmente piedoso, bastante rígido e de alguma forma sem imaginação".

Merton via nessas exigências sobre ele um padrão de funcionamento da dinâmica social, habitualmente cheia de imperativos para a normatização do sujeito. Suas reflexões sobre isso foram enriquecidas por outro conceito da psicanálise, o superego[25] (que

---

25. Para Freud, Superego é uma instância psíquica em parte inconsciente e responsável por assimilar leis e valores que a pessoa vai tomando contato ao longo de sua vida. Essa interiorização de ordens, mandatos e críticas serve para dar limites ao sujeito em sua inserção no mundo, o que viabiliza a convivência social. Por outro lado, o Superego pode ser objeto de um investimento exagerado, tornando-se quase um censor obstinado, sujeitando a pessoa a autocensuras inconscientes que a atormentam e inibem, restringindo sua espontaneidade e liberdade. Nesse caso, também pode servir de guia para a forma dura com que a pessoa avalia aquelas ao seu redor, fazendo com que ela tenha geralmente uma opinião severa sobre aquelas com quem convive.

Merton chamava curiosamente de "consciência farisaica"). Numa das cartas que escreveu ao psicanalista Erich Fromm em 1954, ele contou que atuava como Mestre dos Noviços de um grupo de cerca de 30 jovens e via o quanto sofriam sob o efeito do próprio superego. Lamentava ver o dano causado em monges potencialmente bons, mas submissos à necessidade de aprovação alheia e despreparados para serem eles mesmos (Shannon, 2011).

O esforço de Merton para não se deter nem se reter na imagem cristalizada requerida por seus milhares de leitores e fãs não é diferente do empenho a ser empreendido por qualquer pessoa que não deseja manter-se ancorada na imagem com que é identificada por aqueles que a conhecem. Afinal, não devemos ser "a palavra" que os outros querem que sejamos, mas a palavra d'Aquele que nos criou.

Mas os esforços não param aqui. Se for válida a comparação com a estrutura de uma missa, pode-se dizer que, assim como os ritos iniciais são apenas uma fase preparatória para o principal – a liturgia da palavra e da eucaristia –, o trabalho psicológico que a pessoa faz para trabalhar sobre seu falso eu é apenas um preparo para o trabalho espiritual que se requer sobre o verdadeiro eu. E é pela prática contemplativa que esse processo se dará de forma privilegiada.

4
Peregrinação do falso ao verdadeiro eu

O trabalho sobre o verdadeiro eu

> *A pergunta essencial que devemos fazer é se estamos preparados para ser outro que não a imagem que temos de nós mesmos. Se não estamos, viveremos escravizados ao falso eu* (Benner, 2004, p. 77).

Introdução

Um ponto relevante nesta etapa é refletir que, apesar de nossos esforços em nos conscientizarmos sobre as vicissitudes da persona e do superego, e a despeito de nosso empenho em integrar a sombra na psique, até aqui nos encontramos ainda no âmbito do que pode nos proporcionar uma psicoterapia laica. Permanece como campo a ser elaborado para a vivência do verdadeiro eu um trabalho que se constrói pela perspectiva espiritual – um passo além, como será visto a seguir.

Como foi comentado nas primeiras páginas e ao longo desse texto, embora as psicologias sejam recursos poderosos para cuidar da alienação do sujeito perante a cultura, a teologia do verdadeiro eu de Thomas Merton reflete sobre a alienação do homem num degrau a mais – sua alienação perante Deus[26], o que dá à teologia

---

26. *Há algumas décadas, algumas linhas da psicologia vêm procurando uma aproximação maior com uma ideia de Deus como Pessoa, podendo ser citada, entre elas, a Psicologia Transpessoal. Há um campo promissor nessa seara, que aos poucos vem sendo explorado.*

e às tradições espirituais um lugar privilegiado para pensar na segunda camada de alienação. Falar em teologia do verdadeiro eu implica pensar na conexão da pessoa com sua singular experiência de Deus, sem o que o processo de busca se limitará ao campo da vida social.

Merton defende a existência de um laço indissolúvel entre o verdadeiro eu e Deus, de maneira que não podemos nos encontrar em lugar algum a não ser n'Ele, o que o leva a afirmar que nossa descoberta de Deus é, de certo modo, a descoberta de nós mesmos. Trata-se de uma reflexão teológica estruturante no pensamento de Merton (O'Connel, 2015), que situa Deus presente em cada pessoa naquilo que é sua essência mais profunda, verdadeiramente imbricado nas "raízes de sua existência". Segundo ele, se descermos às profundezas de nosso espírito e chegarmos a algum lugar próximo ao centro do que somos, estaremos em contato constante, imediato e inevitável com o poder infinito de Deus, que é Pura Realidade e cuja vontade criativa e pessoal nos mantém na existência.

É esse "laço" que fundamenta a ideia de que encontrar o verdadeiro eu implica necessariamente fazer a experiência de Deus, assim como o inverso: encontrar Deus nos faz ter acesso ao verdadeiro eu. Shannon (1996) puxa esse fio de raciocínio e complementa que seria um erro pensar no verdadeiro eu e em Deus como experiências diferentes. Deus é o mistério que está no coração de toda realidade. Deus está de alguma forma unido ao verdadeiro eu que está em toda pessoa. Na mesma perspectiva, Faricy (1998) defende: meu verdadeiro eu não sou realmente só eu: sou eu em união de identidade com Deus. É essa união que experimentamos numa espécie de ambiente escuro e seco e de experiência vazia na oração contemplativa.

Merton (2007) reconhece que a ideia de nosso verdadeiro eu imbricado com Deus pode gerar um certo estranhamento, considerando a distância entre Criador e criatura, mas sustenta essa compreensão defendendo que, embora haja um salto metafísico infinito entre o "Eu" do Onipotente e o nosso próprio 'eu interior', ainda assim nosso 'eu' mais profundo existe em Deus e Deus habita nele. E se assim é, cabe, portanto, a cada indivíduo assumir o ônus da tarefa solitária, quase incompreensível e incomunicável, de abrir caminho através da escuridão do seu próprio mistério até descobrir que seu próprio mistério e o mistério de Deus se fundem numa única realidade. Deus vive em nós. Nós vivemos nele (Merton, 1963).

Se o ato de empreender uma peregrinação em busca do verdadeiro eu compreende a busca do Criador, esse esforço nos endereça, inevitavelmente, à contemplação, que para Merton (2007, p. 81) representa "a intuição imediata e, em certo sentido, passiva, da realidade mais interior, de nosso eu espiritual e de Deus presente dentro de nós". Então, se por um lado os achados das psicologias foram de utilidade para os primeiros passos dados até aqui, somos convidados agora a dar continuidade a nossa peregrinação interior a partir de um universo ainda mais abstrato que fala de recolhimento, silêncio, oração e contemplação, temas muito caros a Merton e que representam, na perspectiva de sua espiritualidade, eixos essenciais para o encontro com Deus. A partir de agora, precisamos deixar de nos perceber apenas à luz de nossa história pessoal, de nossas relações sociais e por meio de pensamentos e sentimentos. O terreno que passamos a pisar passa a ser ainda menos firme, onde nossas capacidades de entrega, humildade, despojamento e disposição para as incertezas se tornam nossos trunfos e onde ideias e teorias preconcebidas, bem como a fantasia de obtenção de resultados se apresentam como grandes adversários. A partir daqui, estamos entrando no campo do abandono, do desamparo e do não sentido.

Raízes da alienação perante Deus

Como dar passos adiante se até aqui o que tínhamos como pontos fortes – uma identidade sustentada por um bom currículo, máscaras eficientes que projetavam uma boa imagem de nós mesmos e concepções de vida e de mundo que nos davam conforto – deve ficar do lado de fora? Com que recursos empreender a busca do verdadeiro eu se esta passa, necessariamente, pela busca de Deus e se esse encontro com o divino se reveste de exigências para as quais não fomos preparados? Deus – aprendemos com Merton – não é um item raro de coleção de selos ou moedas que encontramos por meio de nossa vontade e esforços pessoais, nem é um animal selvagem em cuja direção o caçador sai em busca devidamente equipado e com prognóstico de êxito. O voluntarismo e o capricho humano não têm lugar nessa busca, e se há uma vontade envolvida, a vontade em questão é a de Deus em querer ser encontrado, e não meramente o desejo da pessoa que deseja encontrá-lo. O encontro depende da vontade d'Aquele que é buscado, e não de quem o busca. "Não somos nós que escolhemos nos despertar, mas é Deus que nos escolhe e nos desperta", diz Merton (2017, p. 24).

Por que não temos controle sobre esse processo? Benner (2004, p. 79) responde: "não somos Deus. Não somos a nossa própria origem nem somos nossa realização derradeira". O peregrino em sua busca interior, assim como o mítico Adão, não são os que controlam, embora nossa ficção de autonomia da vontade insista em dizer o contrário. Ter consciência dessa condição de subordinados a Deus, bem como renunciar às expectativas de superar essa condição parece ser, a depender de Merton, o princípio de tudo.

Mas isso não significa que não devamos empreender esforços ou deixar de fazer a nossa parte. Se precisamos fazer um encontro com Deus e com nosso verdadeiro eu, é porque já nos convencemos de que vivemos alienados em relação a ambos. Então, se devemos fazer um caminho que vai de nossa alienação perante o Criador até o resgate do "paraíso perdido", é importante compreender que alienação é essa, bem como nos dar conta do que nos afasta de Deus.

Para dispormos de uma visão compreensiva sobre as razões da ruptura e alienação, temos suporte em Merton por meio de uma reflexão poética apresentada em sua obra *O homem novo*, para a qual ele se apoia no mito da criação apresentado em Gn 2,4–3,24.

Merton se apropria criativamente na alegoria de Adão para tratar, de forma simbólica, uma mítica relação de intimidade entre Deus e o homem[27]. Não se trata, obviamente, de abordar Adão como personalidade histórica, mas como um personagem teológico em duas condições distintas: o Adão integrado a Deus na pré-Queda e o Adão fragmentado e protagonista da construção de um mundo descolado do Criador no pós-Queda. Adão, para Merton, é protótipo da humanidade e nos representa. Assim como Adão, toda a raça humana foi criada como imagem de Deus, o que nos permite refletir, segundo o autor, que Adão está em todos nós.

A tradução da experiência de absoluta conexão entre Deus e Adão é assim descrita por Merton (2006, p. 30):

> No instante em que o primeiro ser humano entrou na existência, movido pelo sopro de Deus, as profundezas do centro de sua alma perfeita incendiaram-se com a chama silenciosa e magnífica da sabedoria. Equilibrado sobre o brilhante abismo de uma pureza interior, perfeitamente serena porque perfeitamente despreocupada consigo mesma, Adão sabia antes de mais nada que possuía a verdade, refletida no claro espelho de seu próprio espírito.

---

27. Merton irá utilizar-se da narrativa adâmica de forma esparsa em seu trabalho, como por exemplo em *Novas sementes de contemplação* e *A experiência interior: notas sobre a contemplação*, bem como nas formações que ministrava aos seus noviços . Mas fará uso particularmente destacado dessa narrativa nesse escrito publicado originalmente em 1961, *O Homem Novo*.

Quando Deus criou Adão, diz Merton, fez mais do que mandar que existisse, permitiu que a humanidade estivesse conectada a Ele e que participasse do cuidado com as coisas criadas. Adão recebe delegação para decidir, ele próprio, os nomes que daria aos animais, e, ao fazê-lo, pôde compartilhar do amor criador de Deus por suas criaturas. Sua vida, em linhas gerais, comungava do sopro do Espírito de Deus, porque assim desejava Deus: que desde o princípio a humanidade vivesse e respirasse em comunhão com Ele. Assim como a alma era a vida do corpo de Adão – reflete Merton – assim o Espírito de Deus deveria ser a vida de sua alma. Por desejo de Deus, todas as coisas eram de Adão, e Deus para Adão era tudo. Era como se tudo de que o ser humano precisasse, incluindo liberdade, alegria, verdade e amor, tivesse sido concedido em gratuidade para integrar sua natureza. Nesse paraíso existencial, Adão, pleno em corpo e alma, coração e mente, num estado natural e espontâneo de contemplação, tinha a certeza de estar repleto de Deus e era feliz. Afinal, Adão conversava com Deus constantemente, pois O encontrava em intuições místicas, em sua realidade existencial ou nas coisas criadas. Ele tinha total conhecimento de si mesmo e do mundo em torno dele, e sua vontade encontrava-se em sintonia com sua visão da verdade. Toda essa harmonia fluía no próprio ser de Adão, num ambiente de intimidade e absoluta conexão que suscita em Merton a ideia de que tudo aquilo que existia, respirava, crescia, corria e se multiplicava sobre a terra estava unido a Deus em adoração e comunhão. Era esse o projeto de humanidade, e Adão, como protótipo da humanidade, era, antes de qualquer coisa, um contemplativo (Merton, 2006).

A narrativa apresenta, porém, um ponto de ruptura nessa comunhão. Adão não aceita o limite que lhe foi imposto para que não comesse dos frutos de determinada árvore. Merton vê nesse gesto de desobediência um ato de orgulho, uma inclinação do ser humano para querer ser protagonista de sua sabedoria e ciência e um desejo de ocupar o mesmo patamar de seu Criador ("vós sereis como deuses, versados no bem e no mal", diz a serpente para Adão e Eva, o que indica, na raiz da transgressão, um desejo de competição). Mas há algo que Adão não compreende: criar o mundo era privilégio do Criador e não de sua condição de criatura, e os dons de que dispunha só os tinha por conta da gratuidade de Deus.

Merton reflete que Adão, querendo ser o que não era, fez um movimento de autossuficiência que o afastou de sua comunhão com Aquele que o criara, comportamento que é comum ao ser humano: a insistência teimosa em sermos o que não somos e que nunca fomos destinados a ser.

Então, ao quebrar sua conexão com Deus, Adão sofreu inúmeras perdas: a bondade que lhe fora infundida na alma, sua imortalidade, sua contemplação, o domínio sobre si mesmo e sobre a criação irracional e sua condição de filho de Deus. Mas não só: perdeu sua imunidade diante da paixão desordenada, a isenção da ignorância e a incapacidade de sofrer.

E ao romper o contato com a fonte da vida — Deus —, Adão tornou-se sua própria fonte, uma fonte insuficiente, que não demorou a secar. Logo viu substituída em si sua natureza ordenada e mística pelas compulsões, ansiedades e fraquezas de um eu que só faz o que quer, não ama o que deveria amar e não busca o que deveria buscar. Por orgulho, Adão colocou um abismo entre ele, Deus e os homens, virando do avesso a natureza humana e deixando esse legado aos seus descendentes. E é por isso que Merton (1962) diz que a queda de Adão, a queda do Paraíso, foi uma queda da unidade.

Merton (2007) reflete os efeitos dessa queda: perda da visão contemplativa e mergulho numa existência ativa e cheia de distrações. Tornando-se dependente das coisas exteriores e efêmeras, a espécie humana exilou-se num mundo de objetos pelos quais se deixa seduzir e escravizar. E por não estar mais centrada em Deus nem em seu eu mais profundo e espiritual, precisou passar a ver-se e sentir-se como se fosse um deus de si mesma.

Mas não somos Deus, afirma Benner (2004), lembrando que não somos a nossa própria origem nem somos nossa realização derradeira. Para ele, o que o relato da tentação de Adão e Eva ajuda a explicar é como nos tornamos a mentira que desejamos acreditar e como construímos uma fé em um eu que nunca existirá. No fim do dia, a única coisa que conseguimos com esses esforços é viver um falso eu.

Em resumo: ao se apropriar do mito do paraíso perdido, Merton não quis explicar de forma histórica a profunda divisão do homem em relação a Deus, mas nos fazer ver que a condição humana de comunhão radical com Deus é algo perdido, mas que **pode e precisa** ser resgatada.

Shannon (1996) complementa que essa queda deve ser entendida como a saída da unidade e da harmonia do paraíso e a entrada numa realidade de desunião, alienação e sentimento de separação. Perdemos a intimidade com Deus. Perdemos a intimidade com nós mesmos. Deixamos de ver as coisas como elas realmente são, e onde há harmonia vemos alienação e manipulação.

A atividade frenética a que nos dedicamos em nossos dias cheios de atividades, nossa obsessão por uma vida profissional de destaque, nosso empenho em ter um corpo sempre jovem, nossa busca constante por novidades e prazeres, não são apenas costumes adquiridos por necessidade ou divertimento, mas uma tentativa de suturar o mal-estar decorrente de vivermos sem ter Deus por eixo. Merton (2007) observa que esse mal-estar surge sempre mais forte toda vez que a realidade ameaça romper nossas ilusões construídas com todo o cuidado. Isso nos leva a uma existência voltada à fuga e a uma busca de novidades que, invariavelmente, nos distraem no começo, mas não se sustentam e nos decepcionam no fim. Entrando no círculo vicioso que busca sempre novas experiências substitutivas e cada vez mais extravagantes, acabamos por retornar sempre ao ponto do visceral mal-estar do qual tentamos escapar. "Ainda não era bem isso" é uma frase comum em nosso universo, utilizada para nomear a decepção que temos com os objetos que buscamos na suposição de que neles encontraremos uma completude desejada.

O contraponto bíblico a Adão – agora alicerçado num personagem histórico – é Jesus de Nazaré, aquele a quem o apóstolo Paulo chama, de forma inspirada, de segundo Adão[28], pois mesmo encarnado como qualquer criatura humana, e na figura de um simples carpinteiro, conseguiu restaurar a relação da humanidade com Deus numa vida de absoluta integração com o Criador em tudo o que fazia. Daí Merton (2007) observar que o primeiro passo para se compreender de modo correto a contemplação dentro dos ensinamentos cristãos é entender claramente a unidade de Deus e do homem em Cristo, o que presume igualmente crucial unidade do homem em si mesmo.

Inúmeras vezes em seu percurso entre os homens, Cristo faz referência ao quanto Deus podia ser visto nele próprio – Jesus – e ao mesmo tempo o quanto suas obras eram obras de Deus. Há uma profunda identidade entre ambos, de maneira que ouvir o Filho é ouvir ao Pai, o que encontra eco em sua afirmação pessoal de que "eu e o Pai somos um" (Jo 10,30). Reflete Merton (2006) que Cristo nos dá não só um modelo divino e ontológico de nosso ser espiritual, como nos apresenta um modelo de perfeição do espírito; não apenas nos oferece um modelo de comunhão existencial com Deus, mas é fonte da graça pela qual essa união também

---

28. A teologia paulina articula o conceito de primeiro e segundo Adão em sua carta aos Romanos e na primeira carta aos Coríntios.

se realiza em nossas próprias almas. Se o Evangelho traz uma boa notícia, esta se resume ao fato de que somos também convidados a viver nessa mesma condição, pois o novo Adão não é apenas Cristo, mas todos nós que podemos ter a semelhança de Deus restaurada na alma, ressignificando e redirecionando nossa própria existência, nossos rumos e nossas decisões a partir dessa união. Mas como podemos chegar a essa unidade ou, pelo menos, nos aproximarmos dela? Permanentemente mergulhado nessa questão, Merton indica como grande bússola a contemplação, que será, segundo Bertelli (2008), o tema de seus escritos durante os 27 anos de sua vida monástica, sacerdotal e eremítica. A importância da experiência contemplativa no resgate do verdadeiro eu é tão vital que precisaremos acompanhar de perto o desenvolvimento que Merton trouxe para essa questão.

A experiência contemplativa

Antes de entrarmos em algumas possíveis formas de compreender a contemplação – e sem pretensão de esgotá-las –, registremos como pensam alguns estudiosos que vêm se dedicando à articulação existente entre contemplação e Merton.

Pereira (2014) chama a atenção para o fato de que o tema da contemplação atravessa o conjunto total da obra mertoniana, podendo ser encontradas inserções em 1948, no ensaio *O que é contemplação*, e nos variados escritos subsequentes, já que Merton jamais deixou de pesquisar, meditar e escrever sobre o tema. Na sua visão, a contemplação foi o ponto de partida de toda a antropologia de Merton e é a chave de compreensão de toda a sua obra.

Teixeira (2019) observa que, para Merton, a contemplação transcende filosofia e teologia, extrapola nosso conhecimento, intuições ou experiências e irá se firmar como a "via por excelência" de integração de todos os aspectos da vida.

Paul Pearson (2012), diretor do Thomas Merton Center na Bellarmine University, em Kentucky[29], entende que, para Merton, a contemplação significava uma vida cristã madura, o motivo pelo qual Deus criou as pessoas, e a atividade espiritual humana mais essencial antes da visão beatífica.

No campo dos estudos que vêm sendo feitos, especialmente, nos Estados Unidos, Bailey (1975), entende que a inovação de Merton se encontra na forma como ele sustentou a prática da contemplação como uma experiência que poderia dialogar não apenas com os seus confrades monásticos mas também com um círculo mais amplo da humanidade. Shannon (1996) segue o mesmo entendimento observando que a espiritualidade contemplativa foi a melhor contribuição de Merton para a comunidade cristã, não porque ele a inventou, mas porque a resgatou de uma posição marginal que ocupou no pensamento e na prática católicos e a posicionou como ponto central da espiritualidade.

Para Merton, todos fomos criados para a contemplação. Mas, parafraseando-o no título que ele deu ao primeiro capítulo de sua obra *Novas Sementes de Contemplação*, **o que é a contemplação?**

Como já disseram Bertelli e Pereira, Merton irá tratar dessa pauta por anos a fio, tendo-a em primeiro plano ou como pano de fundo em várias discussões ao longo de suas publicações. Shannon, que assinou a escrita do verbete "contemplação" na importante obra *The Thomas Merton Encyclopedia* (2002), defende que o que mais se aproxima de uma definição de contemplação em Merton

---

29. Paul M. Pearson tem uma reconhecida importância na divulgação do trabalho de Thomas Merton. Ele é chefe de pesquisa do Merton Legacy Trust, secretário residente da International Thomas Merton Society e atuou como presidente da 10ª administração. Paul é membro fundador e primeiro secretário da Thomas Merton Society of Great Britain and Ireland. Foi responsável pela edição de livros importantes: *Seeking paradise: Thomas Merton and the shakers, A meeting of angels: the correspondence of Thomas Merton with Edward Deming and Faith Andrews, Thomas Merton on Christian contemplation* e *Beholding paradise: the photographs of Thomas Merton.*

é a assertiva de que, por meio dela, "conhecemos e amamos a Deus como Ele é em si mesmo e o apreendemos em uma experiência profunda e vital que está além do alcance de qualquer compreensão natural – é a razão por que Deus nos criou" (Merton, 2017, p. 208).

Também úteis são as considerações que Merton tece ao afirmar que, na tradição cristã,

> a contemplação é simplesmente a "experiência" (ou melhor, o conhecimento quase experiencial) de Deus em uma treva luminosa que é a perfeição da fé iluminando nosso eu mais profundo. É o "encontro" do espírito com Deus em uma comunhão de amor e entendimento que é um dom do Espírito Santo e uma penetração no mistério de Cristo [...] O elemento mais importante na contemplação não é o gozo, nem o prazer, nem a felicidade ou a paz, mas sim a experiência transcendente da realidade e da verdade no ato de um amor espiritual supremo e livre. [...] É a confrontação de homem com Deus, o estabelecimento do Reino de Deus em nossa própria alma, o triunfo da Verdade e da Divina Liberdade no "Eu" mais profundo, no qual o Pai é um com o Filho na unidade do Espírito que é dado ao crente (Merton, 2007, p. 50).

É relevante observar que Merton insiste na descrição da experiência contemplativa utilizando-se de termos como "experiência de Deus", "encontro com Deus" e "confrontação do homem com Deus". Faricy (1998) chama a atenção para o fato de que, assim como na teologia de Mestre Eckhart, e na mesma linha do Zen, o modelo de oração contemplativa de Merton é o de união com Deus numa experiência de identidade. Na sua teologia da oração contemplativa, o verdadeiro eu é precisamente a união entre eu e Deus, nossa união com ele, "eu nele e ele em mim, ou – em outras palavras – meu verdadeiro eu". Faricy antecipa nosso estranhamento sobre a radicalidade dessa imbricação entre Criador e criatura, e embora reconheça que somos distintos de Deus, afirma que nossa experiência de união é uma experiência de indistinção, de unidade, de união de identidade. Conhecer a Deus é saber que sou um com ele e que temos o mesmo ser: o dele.

Esforçando-se em apresentar uma conceituação ampla e amparada em Merton, Shannon (1996) contribui articulando contemplação à ideia de paraíso perdido, atribuindo a experiência a uma volta ao estado paradisíaco de união com Deus, o começo de uma consciência maior, no qual se começa a vivenciar uma vida ressuscitada e a compreender a identidade a partir do conceito de unidade.

Com base nas considerações que vimos até aqui, façamos um esforço de síntese. Merton refere-se à contemplação como um encontro, um conhecimento e um amor a Deus que são **experienciados** a partir do interior da pessoa, não numa perspectiva dualista (eu-Tu), mas numa lógica integrada de comunhão; um encontro registrado psiquicamente não de forma racional ou cognitiva, mas na perspectiva de uma indefinível união. Nesse sentido, metáforas como o mito de Adão no paraíso podem ser úteis por simbolizar uma condição existencial na qual a comunhão entre homem e Deus é tal que o Criador se encontra diretamente imbricado no tecido de toda a realidade em que Adão vive – e este, representando o ser humano, vive com naturalidade a presença divina em toda a Criação, incluindo a si mesmo. Aproveitando essa metáfora, "perder o paraíso" remete a uma condição na qual a realidade é percebida de forma desconectada de nós mesmos, sua sacralidade fica camuflada e, para mantermos a ilusão de controle, falseamos nossa própria autoimagem num eu que tem, pretensamente, domínio sobre o mundo, a vida e os objetos, e que constrói uma realidade à imagem e semelhança da ilusão. A contemplação representa, nesse contexto, um caminho de volta, uma experiência transcendente da realidade e da verdade, um mergulho na realidade em seus níveis mais profundos – o que proporciona uma ressignificação da experiência, um despertar à infinita Realidade que existe dentro de tudo o que é real, uma consciência da intervenção criadora e dinâmica de Deus em nossa vida cotidiana (Merton, 2017).

A contemplação, a partir da conexão e da intimidade da pessoa com Deus, proporciona um deslocamento da perspectiva que temos da vida, o que nos leva a rever nossa forma de ser e estar no mundo, assim como nossas relações com a Criação como um todo. Em meio à própria vida diária, comum, os contemplativos procuram – e encontram – um sentido novo e transcendente (Merton, 2018); e não por acaso nosso autor – conforme observa Shannon –, ao falar de contemplação, utiliza-se bastante de termos como consciência, atenção, despertar, estado de alerta. Não há consciência, diz Merton, como a consciência do contemplativo que subitamente desperta para o fato de que todo o ser (ou seja, toda a realidade) está cheio de Deus, e que o universo está nadando em significado (Shannon; Bochen; O'Connell, 2002).

Da forma como ele se expressa, é como se a humanidade vivesse num modo de sonho, onde uma realidade fictícia é construída pela interação entre vários falsos eus – o meu, o seu e os dos outros. Merton acentuará que aquilo que na experiência natural há de mais empolgante se assemelha apenas a um sono em comparação com o despertar que é a contemplação. A prática contemplativa contribui para romper com esse sono e a nos fazer enxergar a realidade, ou mais: desvendar nos acontecimentos cotidianos uma realidade que transcende os sentidos. Fazendo uma analogia com os filmes da franquia *Matrix*, o mundo que vemos é tão ilusório quanto o veem os cidadãos do universo ficcional apresentado na série, mas a contemplação, equivalente à pílula vermelha dessa trama, trará um efeito contrário. Enquanto no filme a pílula vermelha tornará o personagem consciente de um terrível mundo manipulado e dominado pelas máquinas, a contemplação nos revelará um mundo onde Deus está presente e atuante em tudo, mesmo nos momentos em que Ele parece não estar.

Shannon (2002) insiste nesse viés e enfatiza que a contemplação leva a um despertar para outro estado mais profundo de consciência. Nessas ocasiões nos damos conta do quanto os objetos que cultuamos na vida material são como os objetos que encontramos quando dormimos e sonhamos. Os objetos do sonho existem apenas enquanto estamos sonhando, assim como os objetos com que interagimos na vida desperta têm também uma existência finita. O que Shannon diz numa linguagem mais psicológica, o autor sagrado de Eclesiastes descreverá na célebre frase "tudo é vapor", mais comumente traduzida como "tudo é vaidade"[30], referindo-se à realidade criada pelos homens. Vapor e vaidade traduzem bem a realidade de um mundo limitado e que apresenta apenas uma face (pobre) da verdade, cabendo à prática contemplativa nos ajudar na restauração de uma realidade mais rica.

Essa realidade não se restringe ao mundo exterior, mas à própria complexidade que é nossa identidade em Deus. Numa carta escrita em 1963, Merton comenta que as pessoas costumavam perguntar o que a vida contemplativa significava para ele. Sua resposta era: significa a busca da verdade e de Deus. Significa encontrar o verdadeiro significado da vida e o lugar certo na criação de Deus (Daggy, 1989). Por tudo isso, Shannon entende que Merton se propõe, pela via da contemplação, a uma mudança de consciência, capaz de ir além do nível superficial da existência e penetrar num nível de realidade que existe abaixo, acima e além da experiência cotidiana, e dessa forma contemplar Deus, o eu e a criação em um nível diferente e mais profundo de realidade.

---

30. Segundo a Bíblia de Jerusalém, o termo mais comumente traduzido como vaidade "significa, antes de tudo, 'vapor', 'sopro', [...] que na poesia hebraica descrevem a fragilidade humana".

Na medida em que nos ajuda a viver a realidade numa outra perspectiva, a estrada que leva à contemplação é pavimentada por um conjunto de escombros: objetos de consumo sem utilidade, teorias acadêmicas, falsas imagens de Deus e de nós mesmos (falso eu). Tudo precisa ficar trás.

Mas, como caminhar nessa direção? O que podemos garimpar nos escritos de Merton que nos ajuda a fazer da via contemplativa uma prática de vida?

Negar o modelo cartesiano de sujeito pensante

Conforme acredita Merton, por termos Deus em nós, na profundeza da alma, assim como a liberdade e a inteligência como capacidades latentes, é possível fazermos um caminho inverso ao realizado por Adão, desde que esse caminho de retorno não faça uso das estratégias e tentativas adâmicas pela autossuficiência.

Até aqui o trabalho interior, conforme apresentado no capítulo 3, consistiu em despir-nos de coisas importantes: desapegar-nos de uma autoimagem constituída de títulos, honrarias e elogios, desinstalar-nos psiquicamente de qualquer lugar social que conseguimos conquistar, assim como vencer a dependência a objetos, conforto, pequenos e grandes luxos. Agora, o que a prática contemplativa propõe é um tipo de desapego ainda mais radical: a necessidade de libertação em relação à dependência humana de um mundo de palavras, pensamentos e racionalizações. "Para o contemplativo, não há cogito (penso) nem ergo (logo), mas apenas SUM, EU SOU", diz Merton (2017, p. 23). Mais especialmente na sociedade ocidental, a capacidade de pensar, analisar, comparar, criticar e estabelecer juízos não é tida apenas como um grande valor, mas como um atributo de excelência do ser humano. Para Merton, é necessário desglamurizar essa perspectiva racionalista desencadeada pelo "Penso, logo existo", de René Descartes, pois a partir da visão cartesiana ganhou força o conceito de **sujeito pensante**, que estabelece como característica da condição humana o estatuto de ser a partir da capacidade de refletir, inclusive sobre si mesmo. Essa proposta de autenticar a existência do eu a partir do pensamento e da capacidade de elaboração empobrece e limita o ser e por outro lado fortalece a ideia superficial de que a pessoa se restringe ao ego, ou, na terminologia de Merton, ao *falso eu*.

Quais são os riscos de reduzir a compreensão e a abordagem da vida por meio dessa perspectiva? Merton entende que um modelo de mundo construído apenas a partir da consciência que se tem dos objetos deixa de fora tudo aquilo que transcende essa consciência e que não pode ser apreendido pelo que ela possa observar, medir e calcular. Deus se inclui nessa categoria, pois se a busca de Deus se ancora e se limita ao eu pensante e em seu arsenal de estratégias para conhecer o universo, Deus só poderia ser percebido se fosse um objeto a ser medido, classificado e catalogado pelas capacidades egóicas. Isso não funciona para a abordagem da mística, que exige outro tipo de elaboração, uma apreensão das coisas que vá além das limitadas fronteiras cognitivas. Conforme avalia Bailey (1975), é por outra via que a procura por outras realidades deve ser empreendida, sendo que uma concepção de conhecimento que consiga vislumbrar aquilo que se encontra além dos fatos, e alcançado a partir da união da pessoa com Deus, é essencial à busca espiritual.

Por sinal, nada como a mística se encontra mais na contramão do conhecimento objetivo e das racionalizações do Ocidente. É natural, portanto, que na racionalidade do pensamento, Deus "esteja morto" conforme o pressuposto de Nietzche, dada sua impossibilidade de compreender que o sentido de Deus vai muito além dos finitos recursos humanos e de suas próprias autorreferências. Inchausti reforça essa ideia e afirma que, para que possamos conhecer Deus como algo além de um objeto, devemos primeiramente eliminar o que ele chama de nossos egos imperiais ocidentais nascidos da divisão cartesiana do sujeito/objeto. Bonowitz (2015) acrescenta que, além da dificuldade natural de a pessoa compreender algo que está além de si mesma, a hipótese de Deus é uma ameaça ao eu, que mantém a vontade de ter uma realidade autossuficiente e permanentemente independente dos outros seres, incluindo Deus. Por tudo isso, para Merton (2017), nada é mais estranho à contemplação do que o "Eu penso, logo existo", de Descartes, pois trata-se do pensamento de um ser alienado e exilado de sua profundeza espiritual e que por isso procura uma prova de sua existência no fato de pensar, o que, na verdade, afasta-o cada vez mais do seu verdadeiro eu. Nesse aspecto, muito próximo de Freud e Jung, Merton entende que o ego não é o centro da pessoa, nem que todo o resto gravita em torno dele e muito menos seria ele a realidade fundamental da vida para a qual tudo no universo está ordenado. Para o monge trapista, somos criaturas que giram na órbita de Deus, único centro, o que requer necessariamente que o modelo mental de cada um deixe de girar em torno de si próprio para produzir um deslocamento (e um abandono) rumo a um lugar existencial sobre o qual não temos o menor controle. Merton dirá então que esse é um dos paradoxos da vida mística: não pode alguém penetrar no mais íntimo de seu ser e passar dali a Deus, se não for capaz de sair inteiramente de si mesmo, esvaziando-se de si.

Com essas considerações fica pavimentada uma lógica que torna necessário um esforço endereçado ao não pensar, que se pratica pelo abrir mão do "sujeito pensante" cartesiano e, num sentido oposto, de estabelecer um estado de abertura para o inesperado que é a palavra pronunciada por Deus quando nos criou. Temos de aprender a largar-nos para podermos nos encontrar, diz Merton (2017). Na via contemplativa, há que se fazer desse jeito: "Moisés, ao aproximar-se da sarça ardente, retirou os 'sapatos' da opinião e da racionalização" (Merton, 1975b, p. 169). Isso dá sentido ao uso que ele faz da contemplação como metáfora: "o 'deserto' da contemplação é simplesmente uma imagem para explicar "o estado de esvaziamento que experimentamos quando nos afastamos de todos os caminhos, nos esquecemos de nós mesmos e tomamos por caminho nosso o Cristo invisível" (1972, p. 146).

Avançando na experiência contemplativa

Há uma cautela natural em Merton no que toca à contemplação, e para isso ele se esforça por blindá-la do movimento tecnicista, já presente em seu tempo, que busca criar metodologias para o domínio de qualquer experiência: para ele, a contemplação não é para ser ensinada nem mesmo para ser explicada com clareza – no limite, podemos insinuá-la, sugeri-la, apontá-la ou simbolizá-la. Merton sempre insistirá na impossibilidade de tradução da contemplação pela via racional e por nosso limitado repertório de palavras. Não há esperanças de uma compreensão nem mesmo por uma atividade reflexiva. Ao contrário, acentua ele, nossa apreensão sobre contemplação e seus efeitos sobre nossa vida tangencia um conhecimento puro e virginal, pobre em conceitos e mais pobre ainda em raciocínios. Essa convicção, por sinal, o acompanhará até o fim da vida, quando, ao referir-se à contemplação, ele volta a dizer que ela não é, de modo algum, uma 'técnica' para produzir uma experiência esotérica. O caminho da contemplação não é, de fato, um caminho (Merton, 1972). Ele vincula a contemplação a um estágio natural que a pessoa pode (ou não) alcançar conforme avança em sua singular busca espiritual. A prática contemplativa pode estar conectada a práticas espirituais variadas, como experiências de solidão, silêncio e oração, e embora nenhuma dessas práticas seja ingrediente de alguma fórmula infalível, cada uma delas tem importância para o progresso na experiência contemplativa. É na direção delas, portanto, que vamos conduzir nossa atenção.

Silêncio e solidão

> *Mantenha seus olhos puros, seus ouvidos silenciosos e sua mente serena. Respire o ar de Deus*
> (Merton, 2017, p. 89).

Embora não existam técnicas, e muito menos técnicas infalíveis, a vivência da contemplação, assim como qualquer envolvimento amoroso, requer um coração dedicado e motivado para a comunhão. Para nos darmos conta do inesperado de Deus e de nosso verdadeiro eu, é necessário cuidar para que as sutilezas do Mistério não sejam ocultadas por nossas emoções desordenadas, abafadas pelos barulhos da tecnologia e das multidões e nem soterradas debaixo de objetos que se amontoam em nosso mundo de apegos. Segundo Merton, com o verdadeiro eu temos que entrar em acordo no silêncio, condição indispensável para que ele nos dê uma tímida e imprevisível manifestação de sua presença (2007). John E. Teaham (1979), num artigo sobre *Meditação e oração na espiritualidade de Merton*, defende o silêncio como elemento central na espiritualidade de nosso autor, e observa que é em silêncio que se chega a estados mais elevados de oração e contato com Deus. Sem silêncio, a oração e a meditação se atrofiam. No silêncio cresce a oração mística que repousa no silêncio de Deus.

Mas falar em silêncio e recolhimento numa era na qual dirigimos nosso automóvel ao mesmo tempo em que falamos ao celular, checamos as horas no relógio e estamos atentos a uma canção no *Spotify*, a vivência de sutilezas é um desafio. Já na década de sessenta do século passado era assim, conforme o diagnóstico de Merton (2004a), que nos diz que vivemos habitualmente em estado de semiatenção, embalados o tempo todo por vozes, música, tráfego e ruído generalizado. Nunca estamos presentes plenamente ou ausentes inteiramente, o que afeta qualquer esforço que ensejemos para realizar um mergulho interior. Afinal, se é nas profundezas do nosso ser que Deus invisível fala, como está nossa capacidade de efetuar um mergulho que exija uma aproximação isenta de distrações? Se a curiosidade de nossos olhos e o apuro de nossa audição nos mobilizam para o exterior, para a fala do outro e para o som da cidade, não há possibilidades de que ouçamos o som divino que ressoa a partir de dentro.

Por sinal, antes de ser um pensamento de Merton, é uma sabedoria bíblica: na conhecida passagem de 1Rs 19,11-13, o Profeta Elias se encontrava escondido numa gruta à espera de Deus. Um grande e impiedoso furacão fendia as montanhas e quebrava os rochedos, mas Deus não estava no furacão; depois do furacão houve um terremoto, mas Deus não estava no terremoto; depois do terremoto um fogo, mas Deus não estava no fogo; e depois do fogo o murmúrio de uma brisa suave. Deus estava lá, nesse suave murmúrio difícil de registrar pela audição. Teria Elias escutado Deus se estivesse focado apenas naquilo que faz barulho? Merton (2003) faz crer que não. Para ele, se não ficarmos em silêncio, não escutaremos Deus; se não aprendemos a descansar, Deus não abençoará o nosso trabalho; e se pautarmos nossa vida exclusivamente com ações e experiências, Deus se ausentará silenciosamente do nosso coração e nos deixará vazios.

Se Merton tanto insiste nesses pontos em seus escritos, é porque está ciente de que a via contemplativa se dá pelas delicadezas do espírito, numa tessitura cuidadosa que inclui uma atenção plena Àquele que é o principal protagonista, Deus. Vale evocar Jesus, na também conhecida passagem de Mt 6,6: "Quando você orar, vá para o seu quarto, feche a porta e ore a seu Pai, que está em secreto. Então seu Pai, que vê em secreto, o recompensará". Apoiado nessa passagem, reflete Merton (2017) que devemos dispor de um quarto ou um canto onde não sejamos perturbados por um tempo, onde tenhamos condições de nos desembaraçar da dinâmica do mundo e nos desprender de tudo o que nos mantém atados por meio da visão, audição e pensamento. Se já tivermos esse lugar, diz ele, valorizemos esse espaço e retornemos a ele sempre que possível. Porque a vida contemplativa, ele insiste, deve ser sustentada por um espaço de liberdade e silêncio, e mesmo que mais adiante ele venha a afirmar que a contemplação pode ser associada a atividades comuns como caminhar pela rua, limpar o chão ou lavar a louça, em momento algum escreve que, alcançado esse estágio, tornam-se desnecessários momentos de solidão e silêncio. Na realidade, essas duas configurações não são excludentes. Jesus, que vivia e respirava Deus em todos os seus pensamentos, atos e palavras, certamente tinha uma conexão absoluta com o Criador enquanto pregava, curava, bebia à mesa dos fariseus e multiplicava pães e peixes, mas não abria mão de ir periodicamente a um lugar afastado, sozinho e orar.

Mas falar de silêncio e recolhimento pode soar como um desafio de difícil superação face à contemporaneidade e à vida urbana, onde geralmente vivemos em apartamentos pequenos, as famílias são grandes e os aglomerados sociais são um misto de sons de carros se movimentando, transeuntes barulhentos e quase absoluta ausência de praças, árvores e quietude. Mas, a despeito dessa realidade objetiva, será que o problema é só esse? Num belo texto de 1960, *Notas para uma Filosofia da Solidão*, Merton nos chama a atenção para o que denomina como "tirania da diversão". No seu entendimento, a verdade é que temos aversão à solidão, e faremos tudo para obturar esse sentimento, recorrendo sem pudor ao que nos oferece o espaço social. Fugiremos da solidão por meio de distrações e diversões constantes, promovidas "misericordiosamente" pela sociedade para que evitemos nossa companhia durante todo o tempo (Merton, 1963).

A diversão, diz Merton, nos anestesia enquanto indivíduos e nos mergulha em estupor numa coletividade que, como nós, deseja apenas ser divertida. Mas qual a razão da fuga? Segundo ele, para não ter de admitir que, subjacente à nossa vida mais ou menos organizada e racional, encontra-se um aparente caos, um abismo de confusão, irracionalidade e falta de sentido. Quanto renunciamos à diversão, renunciamos também à ilusão que nutrimos sobre nós mesmos e sobre nossos mundos apequenados. E se isso já era um problema que ele identificava entre os monges, na clara crítica que fazia ao ativismo no âmbito religioso, mais ostensiva é essa ameaça para os leigos, reféns de uma cultura em que introversão e introspecção são sinônimos de depressão e onde a felicidade está associada a barulhos variados na companhia de muita gente.

Nunca será demais lembrar o quanto Merton ratifica a importância dos momentos de solidão como uma forma de nos afastarmos, ainda que temporariamente, dessas seduções da indústria de consumo. Ele enfatiza que a descoberta de nosso eu interior é um ato e uma afirmação de solidão (Merton, 1966, p. 14) e faz uso de termos fortes para abordar o medo que temos dela, dizendo que vivemos embalados num sonho narcísico, num mundo de ficções particulares e ilusões autoconstruídas e no âmbito de slogans e da gravitação das diversões que nos separam de Deus e de nós próprios.

É significativo que seu livro *A montanha dos sete patamares*, quando publicado na Inglaterra, teve o título mudado para *Elected silence* (que poderia ser traduzido como *Silêncio escolhido*). O título, inspirado num poema de Gerard Manley Hopkins, tem bastante congruência com a opção de Merton, que não só escolheu uma ordem religiosa onde o silêncio é cultivado como um valor, como ele próprio faria do silêncio uma bandeira até seus últimos dias. Então, recomenda ele, "viva em tanta paz, quietude e recolhimento quanto for possível. [...] Busque a solidão ao máximo; habite no silêncio da própria alma e repouse na simples e simplificante luz que Deus está infundindo na alma" (Merton, 2007, p. 140).

Considerando todos esses pontos, basta então que escolhamos lugares e horários em que estejamos sós e longe das distrações, dos ruídos e das pessoas? Merton diz que não. O desafio implicado em silêncio e solidão não se restringe a encontrarmos um lugar físico onde possamos ficar em quietude, mas exige também que não tragamos o barulho conosco. Carregamos os ruídos em nossa mente, revivendo o passado na forma de lembranças, explorando o presente na forma de reflexões, e antecipando o futuro por meio de preocupações com o que pode vir a acontecer. Portanto, essa característica bastante humana deverá ser acompanhada com muito discernimento em nossos momentos de "silêncio escolhido", para que não seja vão nosso empenho em percorrer a vida contemplativa, pois enquanto estivermos envolvidos pelas preocupações e desejos do eu exterior, não seremos alcançados pelo eixo gravitacional do centro interior onde poderemos encontrar Deus. "Penetrar nas profundezas de nosso ser – diz Merton (2007, p. 24) – é uma questão de libertar-se do fluxo ordinário de impressões sensíveis conscientes e semiconscientes, mas também e principalmente dos clamores e impulsos inconscientes das paixões desordenadas".

Shannon (1996) alerta que devemos enfrentar o estranhamento provocado pela quietude e nos tornar experts em não fazer nada, mas apenas ser. É necessário deixar ir por alguns momentos o que está na mente e no coração – pensamentos, planos, desejos, preocupações, ansiedades. Tudo isso nos fragmenta, dispersa e esconde, mantendo-nos no patamar do qual desejamos sair.

Não esqueçamos: pensar ou nos envolvermos com atividades nos mantém numa equivocada, porém confortável, sensação de comando, no mundo de autossuficiência que "herdamos" de Adão. Por isso devemos estar permanentemente atentos à possibilidade de nos autossabotarmos. No radical silêncio da mente e do coração poderemos não só criar um ambiente qualificado de escuta, como penetrar além das camadas superficiais do falso eu que conhecemos e ao qual fortalecemos monotonamente no espelho todos os dias – mas tudo isso a depender do quanto somos capazes de permanecer em silêncio, em atenção passiva a Deus (Merton, 1975b).

A oração

> *A oração é tão importante para a vida da alma quanto a respiração é para a vida do corpo. Por isso o Evangelho nos diz: "devemos sempre orar e nunca desistir"(Lc 18,1)* (Merton, 1995, p. 3).

Merton, ao não limitar suas reflexões para monges, mas, ao contrário, estender o endereçamento de suas reflexões para leigos, entendia que orientações quanto a silêncio e solidão poderiam causar surpresa e preocupação em seus leitores, e sabia também que esse mesmo estranhamento seria dirigido à ênfase que ele daria à vida de oração. Em *A oração contemplativa* (2018), ele argumenta que todos os cristãos devem interessar-se suficientemente pela oração para seguir aquilo que ele orienta aos monges, ainda que fazendo adaptações baseadas nas circunstâncias de vida enquanto leigos. Num artigo que escreveu em 1951, *A balanced life of prayer*, ele ponderou que alguns reclamarão de suas sugestões alegando que se aplicam a freiras carmelitanas e a cistercienses, não a leigos absorvidos em seus negócios, a políticos ou a homens de guerra. Com ironia, contra-argumentou que é o contrário, ou seja, essas pessoas são as que mais deveriam rezar, pois os problemas do mundo têm como fonte causal aqueles que se perderam da vida de oração (Merton, 1995). Ele deixa claro que orar com habitualidade é imprescindível para a intimidade com Deus, e ainda que haja investimentos diferenciados a serem feitos por membros do clero secular e regular e por um leigo, ele insistirá para que cada um, de acordo com seu próprio perfil e vocação, estabeleça seu singular engajamento pessoal. No fim do dia, a ênfase e o nível de aprofundamento podem ser distintos, mas nenhum cristão deve negligenciar uma vida de oração. Tomando emprestada sua orientação, podemos dizer que também faz parte da busca do verdadeiro eu a mesma dimensão orante, como veremos a seguir.

Segundo Shannon (2002), Merton classifica a oração em dois grupos. O primeiro deles envolve a elevação da mente e o coração até Deus. É o conceito mais convencional, pois identifica Deus em outro lugar e como Alguém alcançável a partir da força impulsora da prece. Encontram-se incluídas aqui a oração vocal, a oração mental, a meditação discursiva[31] e outras. Embora consistam em atos de devoção legítimos e tragam benefícios para a vida do espírito, preservam a lógica dual: Deus está lá e a pessoa que formula a oração está aqui.

---

31. Embora existam variações na definição e na forma de classificação dos graus de oração no campo da tradição cristã, os conceitos abaixo buscam, sem pretensão de precisão conceitual, mas com o único objetivo de situar o leitor comum, apresentar conceitos básicos sobre a oração vocal, meditação discursiva e oração mental, com base em textos de Merton.
Oração vocal – Segundo Merton, "orações em que as palavras são realmente faladas ou pelo menos vocalizadas sem som" (Águas de Siloé, p. 378). Modo de dirigir-se a Deus, quer mediante orações formais, quer simplesmente compartilhando com Ele preocupações e pensamentos.
Meditação discursiva (ou Oração Mental) – Diferente da oração vocal em que fazemos uso de palavras para nos comunicarmos com Deus, na meditação discursiva usamos o pensamento para refletir sobre Deus. Merton a descreverá como um "processo que ajuda a levar a alma a uma união mais íntima com Deus, por meio do pensamento, reflexão e atividade afetiva da mente e da vontade" (Águas de Siloé, p. 375). Podemos meditar refletindo sobre as Escrituras e sua aplicação na vida cotidiana, assim como podemos pensar a respeito das verdades da fé para aprofundar nossa religiosidade. Há correspondência dessa meditação com o segundo passo da *Lectio Divina*, que envolve a memorização, repetição e ruminação do texto lido. Entende-se, no entanto, que embora a meditação discursiva tenha uma atividade intelectiva, sua meta não é crescer no conhecimento, mas na transformação do coração.

A segunda forma de oração implica a descoberta de Deus no íntimo de quem ora, encontro que insere o sujeito no mistério do Criador e o leva ao encontro do verdadeiro eu. O exercício desse tipo de oração, que Merton chamará de contemplação, buscará romper com a alienação e a dualidade, colocando aquele que ora numa disposição em que o ego sai de cena para que o sujeito possa vivenciar a experiência de um Deus que o transcende e que vai muito além de um conceito humano e limitado que se faz acerca dele. Segundo Merton (2006), quando compreendemos Deus por meio de conceitos, nós o vemos como algo separado de nós, ainda que tenhamos certeza de que o amamos e somos amados. Na contemplação, não mais o apreendemos como um objeto separado, mas como o Ser em nosso ser. A experiência contemplativa, pois, é essa experiência de presença de Deus dentro de nós não como um objeto, mas como fonte transcendente de nossa própria subjetividade.

Na interpretação de Shannon (1996, p. 27), o que Merton aponta – e isso, segundo esse autor, está no cerne da espiritualidade contemplativa –, é que "a oração não é apenas a elevação da mente e do coração a Deus", mas também, e mais especialmente, "a resposta a Deus dentro de nós, a descoberta de Deus dentro de nós; leva, em última instância, à descoberta e à plenitude de nosso verdadeiro ser em Deus".

Considerando a diferença de forma desses dois grupos de oração, cada qual com sua especificidade, como Merton avalia a importância de cada uma?

Em primeiro lugar, é preciso sublinhar que seus escritos mostram que ele não diminuía a importância de um tipo de oração em relação a outra. Enquanto Mestre dos Noviços em Gethsemani, não se preocupava em fixar métodos específicos para rezar. Embora, evidentemente, tenha enfatizado a oração contemplativa em seu ensino, deixou claro que a vida de oração é um percurso em que cada um de seus graus atua em complementariedade. Não é como um cardápio em que a pessoa opta por um prato mais caro e atraente e deixa de lado as outras possibilidades. Para Merton, mais importante do que nos fixarmos em uma opção é avaliar que tipo de oração é mais compatível conosco quando nos predispomos a construir nosso percurso orante. Se desejamos uma vida de oração, o que devemos fazer é orar. Cada um começa a partir de onde está e aprofunda o que já tem. Descobrimos o que já temos e aprofundamo-nos nisso, até percebermos que já estamos lá (Shannon, 2002).

Coerente com isso, além de não forçar um direcionamento de oração para os noviços, quando Merton porventura apresentava um método, procurava trabalhar com eles a *Lectio Divina*, cujos quatro passos apresentam de forma orgânica tanto a experiência orante que privilegia uma relação dual como aquela em que a união com Deus desfaz a separação entre criatura e Criador. Sua diretriz era: as ações de orar, ler, meditar e contemplar preenchem o aparente vazio do silêncio com a presença de Deus, e separar essas ações é distorcer a ideia do caminho monástico da oração (Merton, 2018).

Sendo a *Lectio Divina*, então, um recurso importante para Merton, é necessário que nos detenhamos um pouco aqui e recordemos rapidamente seus princípios.

A *Lectio Divina* consiste numa leitura orante das Escrituras estabelecida no século XII pelo monge e prior da Ordem Cartuxa Guigo II, em sua obra *Scala Claustralium*. Foi concebida como uma escada espiritual de quatro degraus: o primeiro deles consiste na **Leitura**. O praticante faz uma leitura lenta e atenta de uma passagem bíblica, focado no que o texto diz. O segundo degrau consiste na **Meditação**, atividade que expande o texto lido de forma reflexiva e afetiva. O terceiro é a **Oração**, momento no qual o praticante toma por base os conteúdos dos passos anteriores e transforma essa experiência em oração, de forma articulada e dirigida a Deus. O quarto é a **Contemplação**, momento em que o praticante deixa de lado todo pensamento e abre-se à presença e a uma escuta de Deus. Esses quatro degraus, ou quatro passos, apresentam movimentos que transcorrem tanto na atividade quanto na passividade: ler envolve uma ação cognitiva; meditar requer recursos intelectivos e afetivos; orar organiza, em palavras, petições, agradecimentos ou arrependimentos dirigidos a Deus. E contemplar representa interromper todas essas atividades da mente e do afeto para entregar-se à passividade, deixando que a palavra e a vontade de Deus se manifestem ou não. Embora os três primeiros degraus envolvam ações que podemos empreender, na contemplação prevalece a ação de Deus, um presente divino que possibilita que o praticante o experimente além das palavras, conceitos, imagens e sentimentos. Assim, há três degraus onde imperam nosso protagonismo e um degrau (da contemplação) em que não somos senhores. Guigo, em sua obra, reflete: a leitura é feita segundo um exercício mais exterior; a meditação, segundo uma inteligência mais interior; a oração, segundo o desejo; e a contemplação, acima de todo sentido. O primeiro degrau é dos principiantes; o segundo, dos que progridem; o terceiro, dos fervorosos; o quarto, dos bem-aventurados. Quando chega à contemplação, o praticante é retirado do reino da ação e simplesmente se posta na presença de Deus (Guigo, sem data).

Em sua correspondência com Dame Marcella Van Bruyn, em 1966, Merton sinaliza que era um praticante da *Lectio Divina*. E em outros escritos ele mostra que se utilizava de recursos variados. Embora tenha manifestado uma habitual reserva em falar sobre suas práticas religiosas pessoais, podemos encontrar um bom material em sua correspondência com o místico sufi Abdul Aziz[32], para quem

---

32. Abdul Aziz viveu no Paquistão e estudou o sufismo por toda a vida. Após ter lido a obra *Ascensão para a verdade*, de Merton, e estimulado por Louis Massignon,

revela um pouco sobre sua vida interior. Em carta de 1961, ele conta a Aziz sobre a rotina que estabelecia em seu eremitério:

> Vou para a cama às sete e meia da noite e me levanto em torno das duas e meia da manhã. Ao levantar-me, rezo parte do ofício canônico que consiste em salmos, lições etc. Depois, reservo uma hora ou uma hora e um quarto para a meditação. Eu sigo isso com alguma leitura da Bíblia e depois faço um chá ou café e tomo café da manhã se não for um dia de jejum. O café da manhã consiste em pão e chá ou café, talvez com um pedaço de fruta ou um pouco de mel. Com o café da manhã começo a ler e continuo lendo e estudando até o nascer do sol. Agora o sol nasce muito tarde, no verão nasce mais cedo, então esse período de estudo varia, mas é em média cerca de duas horas. Ao nascer do sol, rezo outro Ofício de salmos etc., e começo meu trabalho manual, que inclui varrer, limpar, cortar madeira e outros trabalhos necessários. Isso termina por volta das nove horas, hora em que rezo outro Ofício de salmos. Se eu tiver tempo, posso escrever algumas cartas, geralmente curtas (hoje é domingo e tenho mais tempo). Depois disso, desço ao mosteiro para celebrar a missa, pois ainda não tenho permissão para celebrar a missa na ermida. [...] Depois da missa eu como uma refeição cozida no mosteiro. [...] Voltando à ermida faço umas leituras ligeiras, e depois rezo outro Ofício por volta de uma hora. Isso é seguido por outra hora ou mais de meditação. Em dias de festa, posso reservar uma hora e meia ou duas horas para esta meditação da tarde. Então eu trabalho na minha escrita. Normalmente não tenho mais de uma hora e meia ou duas horas para isso, todos os dias. Em seguida, já no fim da tarde (por volta das quatro), rezo outro Ofício de salmos e preparo para mim um jantar leve. Eu cozinho o mínimo

---

iniciou correspondência no fim de 1960 e estabeleceu uma fecunda troca de ideias e intercâmbio de livros, até 1968. Um tópico importante dessas cartas é a resposta de Merton ao pedido de Aziz para uma descrição de sua vida de oração. Alguns estudiosos atribuem a Aziz o interesse de Merton pelo sufismo.

possível, geralmente apenas chá ou sopa, e faço algum tipo de sanduíche. Assim, tenho apenas um mínimo de louça para lavar. Depois do jantar, tenho mais uma hora ou mais de meditação, depois da qual vou para a cama (Shannon, 2011, p. 62-63).

Ainda que nem todos os dias de Merton fossem iguais, a descrição que ele mesmo faz do que seria um de seus dias possibilita identificar algumas experiências de oração: (i) Ofício das Leituras (ele cita 5 ocasiões ao longo do dia); (ii) Leitura e reflexão sobre a Bíblia (meditação discursiva); (iii) Participação da celebração eucarística; (iv) momentos de meditação (na perspectiva da contemplação, ao que parece).

A alternância entre formas ativas e passivas de oração evidencia uma complementariedade saudável. Em *Novas sementes de contemplação*, ele dedica um capítulo à oração mental e enfatiza que, antes de cogitarmos sobre a contemplação que aperfeiçoa nossas faculdades, devemos considerar os outros graus de nossa vida de oração e aprofundar nosso conhecimento e amor a Deus na meditação e nas formas ativas de oração. Em *A oração contemplativa*, ele novamente dará valor a essa vida de oração multifacetada, e dirá que a oração do monge está encravada numa vida de salmodia, celebração litúrgica e da leitura meditada da Escritura. A defesa que ele, tão conhecido por suas incursões na oração contemplativa, faz das "formas ativas de oração" se reveste de absoluta razoabilidade, considerando que a divisão entre dois grupos de oração apontada por Shannon (embora didática) tem sua precariedade na medida em que as operações mentais, afetivas ou de abandono dessas faculdades no processo da oração não acontecem de forma tão segmentada. Merton reflete que há um erro conceitual no termo "oração mental", como se alguém pudesse orar apenas com a mente. A oração, qualquer que seja, envolve o ser humano como um todo e vem do centro de seu ser.

São considerações preciosas para quem inicia sua vida de oração, para que a sedução por águas mais profundas, como a oração contemplativa, não gere preconceito ou negligência com as modalidades "ativas". Até porque estas podem ser aquilo que é o possível de cada um, e nesse possível, gozar de uma profunda experiência de Deus. Merton é, portanto, um crítico de quem tenta orar e meditar acima de suas capacidades, pessoas que se mostram encantadas por chegar a algum "elevado grau de oração". Pessoas assim, segundo ele, se afastam da verdade e da realidade. Ninguém quer ser principiante, mas, segundo ele, jamais seremos outra coisa a não ser isso: principiantes a vida inteira (Merton, 2018). Nunca será demais ressaltar que, mais do que técnicas em si, o que prepondera no processo de experiência com Deus é, sobretudo, a vontade de Deus e os critérios que Ele usa para conceder Sua presença e Sua graça. Merton alerta que, sem isso, nem os melhores esforços em estágios mais avançados como a oração contemplativa proporcionarão os resultados desejados.

Feitas essas ressalvas, dediquemos nossa atenção para olhar com mais profundidade o que Shannon classifica como essa segunda forma de oração – a prática contemplativa. Pensemos, então, que a perseverança e a consistência na vida de oração vêm produzindo bons frutos. O que temos nós, agora? Continua Merton:

> A atividade do Espírito em nós torna-se cada vez mais importante à medida que progredimos na vida interior de oração. É verdade que nossos próprios esforços permanecem necessários, pelo menos enquanto não forem inteiramente suplantados pela ação de Deus "em nós e sem nós" [...]. Porém, cada vez mais nossos esforços atingem nova orientação [...], nossos esforços são cada vez mais orientados para uma submissão, obediente e cooperante com a graça [...] (Merton, 2018, p. 63-64).

Um dos caminhos possíveis para articular o pensamento de Merton com a oração contemplativa envolve as pesquisas que ele fez sobre o pensamento dos Padres do Deserto, que, segundo Pearson (2012), amparam fortemente a visão que ele tem sobre contemplação. Ele mesmo admitiu, no texto *O Caminho Obscuro: Notas sobre a Contemplação,* que, para aprimorar a versão de 1948 de seu texto *O que é Contemplação?,* mergulhou naquela fonte, observando que recorria à tradição dos padres gregos para esclarecer melhor suas ideias (Merton, 1962).

Num resumo bem apertado, cabe apresentar aqui alguns dados históricos mínimos.

Padres do Deserto ou Pais do Deserto é a designação atribuída aos ascetas, monges e freiras que viveram, em sua maioria, no deserto do Egito a partir do século III. Foi um movimento que começou de forma isolada, mas que aos poucos ganhou a adesão de inúmeros cristãos que resolveram viver em extensas áreas desertas para se dedicarem a uma vida que consideravam mais próxima do ideal bíblico. Na visão de Merton (2004b), o que eles desejavam acima de tudo era encontrar a si mesmos em Cristo, e para isso precisavam rejeitar completamente o falso eu, formal, fabricado sob a coerção social da vida no mundo. Viviam de forma frugal em ambientes inóspitos, com grande dedicação à oração e à meditação da Escritura Sagrada, sendo atribuído a eles um expressivo desenvolvimento do cristianismo primitivo. Sua experiência influenciou as práticas e pensamento da tradição monástica oriental, representada em Monte Atos, e da ocidental, sob a Regra de São Bento. Em suas práticas encontram-se as raízes da espiritualidade do Hesicasmo, corrente da espiritualidade cristã Ortodoxa cuja orientação é essencialmente contemplativa. A palavra Hesicasmo vem do grego e remete a quietude, silêncio, descanso e tranquilidade, e a prática de seus seguidores é centrada no silêncio interior e na oração contínua como formas de busca de união com Deus. À espiritualidade hesicasta é associada a *Oração de Jesus* ou *Oração do Coração*, cuja origem remete aos Padres do Deserto.

Do que trata essa oração? Sua fórmula, estabelecida pelos monges, une a profissão de fé apostólica, "Senhor Jesus Cristo, Filho de Deus Vivo" (Mt 16,16), com a súplica do publicano: "Meu Deus, tem piedade de mim, pecador!" (Lc 18,13.39; Mt 15,22). Daí resulta a Oração de Jesus/Oração do Coração, que clama: "Senhor Jesus Cristo, Filho de Deus Vivo, tem piedade de mim, pecador". A oração é repetida diversas vezes ao dia, podendo ser praticada na sua forma extensa ou apenas pelo uso repetido do nome "Jesus". Não se trata, porém, de usarmos as palavras no sentido de raciocinar sobre seu significado ou mesmo de estarmos conscientes de que estamos em oração. A Oração do Coração, segundo nota Merton (2018), representa um esforço vivo para mantermos o coração aberto, esvaziado de imagens e preocupações, para termos a percepção de um verdadeiro relacionamento com Ele, para sermos por Ele iluminados e plenificados para Deus.

Merton faz referência à Oração de Jesus em seu 35º aniversário como sua mais nova descoberta, destaca sua semelhança à devoção de São Bernardo ao nome de Jesus, e chama a atenção para seu potencial de integração das dimensões corporal, mental e espiritual na oração (Montaldo, 1996). Ele se sente atraído por essa forma de oração que evita juízo e pensamento, que usa um mínimo de palavras e representa tão somente um esforço ativo para proporcionar uma abertura de coração para Deus. Experiência semelhante é apresentada por João Cassiano, monge cristão e teólogo que viveu entre os anos 360 e 435 d.C. Na obra "Conferências", que Merton estudou e sobre a qual teceu considerações em suas aulas aos noviços, Cassiano traz ensinamentos colhidos com o Padre do Deserto Abba Issac, onde se encontram referências de oração semelhantes às da Oração de Jesus. Cassiano reproduz um ensinamento de Abba Isaac que nos interessa neste estudo:

Proponho-vos, pois, esse modelo de disciplina e de oração que procurais, e que todo monge cujo escopo consiste na lembrança contínua de Deus deve ter por hábito meditá-lo ininterruptamente. Para atingir tal meta, urge, antes, que expulseis de vosso espírito todos os outros pensamentos, pois não podereis aplicar-vos a este modelo se não vos tiverdes libertado de todas as preocupações e solicitudes corporais. [...] Sugerimos, para que tenhais a permanente lembrança de Deus, essa fórmula de verdadeira piedade: "Ó Deus, vinde em meu auxílio, Senhor, apressai-vos em socorrer-me!" (Cassiano, 2006, p. 90).

Como essas formas de oração influenciam a prática orante de Merton? Em textos e fragmentos da sua correspondência, encontramos referências à sua experiência com a oração contemplativa, composta de silêncio interior e passividade. Na carta em que comentou com Abdul Aziz sobre sua rotina habitual de oração, ele revela que tem uma maneira muito simples de orar, focando sua atenção na presença, na vontade e no amor de Deus. Não imagina nada nem concebe nenhuma imagem precisa de Deus. Adora-o como invisível e infinitamente além de sua compreensão (Shannon, 2011).

Em seu diário, ele já havia registrado um apontamento semelhante:

A minha parte é ficar quieto e esperar e atender a Ele, descansar em Sua presença, como se a nuvem na qual o encontro obscuramente fosse o veículo, o navio que deve me levar até lá. Não deseje nada mais do que este contato com Ele na obscuridade, não faça perguntas, não tente apressá-lo, não tenha opiniões, não escolha o próprio caminho, esteja com Ele e deixe que Ele faça o resto (Montaldo, 1996, p. 100).

Em outras palavras, Merton refere-se a uma oração que será tão mais bem-sucedida quanto menos for povoada de palavras, pensamentos e imagens, pois que pressupõe um despojamento de si, uma disponibilidade e um abandono à vontade de Deus. Significa sair do protagonismo de quem leva a Deus pedidos, louvores e agradecimentos, ou que fazem elaborações reflexivas – apropriados à oração vocal e mental – e deixar que sua voz se manifeste (ou não, já que aqui o protagonismo é de Deus, o que sempre dará imprevisibilidade a essa experiência de oração). Quando Merton se refere a uma atitude de quietude ("ficar quieto e esperar"), está apenas reafirmando que a pessoa que ora apenas se coloca à disposição. Abstendo-se de anseios, dúvidas, preocupações ou ideias, ainda que momentaneamente, abre um vazio onde torna-se mais viável detectar a presença de Deus.

Não é obviamente, um exercício simples, pois exige não apenas a crença de que no silêncio podemos escutar Deus melhor, como pela disponibilidade requerida para o enfrentamento do vazio. Em seu diário de 17 de julho de 1956, Merton parece se dirigir a Nossa Senhora do Monte Carmelo com essa angústia, pois entre um de seus pedidos, ele registra: "Ensine-me a ir até essa terra que está além de palavras e além de nomes" (Cunningham, 1996, p. 46).

Voltemos a ele quando revela a Aziz sua experiência orante:

> Minha oração é então uma espécie de louvor que surge do centro do Nada e do Silêncio. Se ainda estou presente "eu mesmo", reconheço isso como um obstáculo sobre o qual nada posso fazer, a menos que Ele mesmo remova o obstáculo. Se Ele quiser, pode então fazer com que o Nada pareça a si mesmo um objeto e permaneça um obstáculo. Essa é minha maneira comum de oração ou meditação. Não é "pensar" em nada, mas uma busca direta da Face do Invisível, que não pode ser encontrada a menos que nos percamos naquele que é invisível (Shannon, 2011, p. 63).

Estabelecidas essas pistas dadas por Merton, podemos então fazer um avanço no entendimento sobre esse caminho que nos leva a experienciar Deus.

Não nos preocuparemos aqui em buscar uma precisão conceitual para as nuances da oração contemplativa conforme detalhadas diligentemente pelos pensadores da teologia mística. Merton também não se atém muito nisso, mas ainda assim a leitura de *A experiência interior: Notas sobre a Contemplação* é fortemente indicada por apresentar um nível de aprofundamento muito maior do que o que será dado aqui. Basta-nos para o presente estudo pensar de forma simplificada em dois aspectos ou momentos da contemplação, um dos quais ainda preliminar, que conta em parte com a ação humana, e outro, conhecido como "contemplação pura", que consiste num contato direto e quase experimental com Deus, além de todo pensamento (Merton, 2007), estágio esse que não se conquista por um esforço espiritual, mas por pura graça. Mais comumente conhecida como "contemplação infusa", é descrita por Merton como uma intuição de Deus que surge na alma por meio dele, dando-nos a apreciação direta de como Ele é em Si mesmo.

Oração contemplativa: a contemplação pré-experiencial[33]

A experiência de oração citada por Merton a Aziz remete a um esforço deliberado em busca da contemplação, ou àquilo que

---

33. Merton, na busca de simplificar conceitos, divide a contemplação em ativa e passiva. A contemplação passiva, também chamada de pura ou infusa, será tratada mais adiante, com algum detalhe. Não nos deteremos na contemplação ativa, que envolve a experiência da presença de Deus nas atividades comuns da vida, e implica o esforço deliberado e sustentado para detectar a vontade de Deus nos eventos do cotidiano e para harmonizar todo o ser com essa vontade. Por outro lado, vamos dedicar uma reflexão maior ao que Merton chama de "contemplação pré-experiencial", pois esta faz ponte com práticas contemporâneas de "Meditação Cristã" ou "Oração Centrante" e apresenta caminhos para uma preparação e disponibilização para a contemplação passiva (infusa).

ele chamará de "contemplação pré-experiencial", espécie de fase preliminar à contemplação no seu sentido estrito:

> Existe uma espécie de contemplação pré-experiencial na qual a alma simplesmente mergulha nas trevas sem saber por que, e na qual tende cegamente para algo que desconhece. Só depois é que há uma forte verificação subjetiva de que esse "algo" em direção ao qual a alma tenteia é realmente o próprio Deus, não uma ideia acerca dele ou uma simples veleidade de união com Ele (Merton, 2007, p. 124-125).

Pennington, num artigo em que analisa a aproximação da prática orante de Merton com a Oração Centrante conforme divulgada por Dom Thomas Keating, faz uso da citação acima e garimpa na obra mertoniana outras referências correlatas para afirmar que "qualquer pessoa que esteja familiarizada com a Oração Centrante reconhecerá imediatamente isso como uma descrição dessa forma tradicional de entrar em contemplação" (Pennington, 2002, p. 50). Merton insiste que o movimento extático final pelo qual o contemplativo 'vai além' de todas as coisas é um movimento passivo e fora de seu controle, porém alerta que há um campo para o qual "podemos, em alguma medida, preparar-nos por nossos próprios esforços", pois mesmo a contemplação que é um dom de Deus "envolve trabalho e preparação da parte do contemplativo" (Merton, 2007, p. 96-97).

Na obra *Amor e vida*, Merton apresenta uma reflexão chamada *Silêncio Criativo*, em que descreve um encontro de pessoas que bem lembra as práticas de oração contemplativa como a Meditação Cristã (John Main) ou a Oração Centrante (Keating). Diz ele:

> Imagine um homem ou um grupo de pessoas sentados em silêncio por uma ou meia hora num lugar tranquilo onde não se ouve nem rádio nem música de fundo. Não falam. Não rezam alto. Não tem livros ou papéis

nas mãos. Não estão lendo nem escrevendo. Não estão ocupados com nada. Eles simplesmente entram em si mesmos, não para pensar de modo analítico, não para examinar, organizar, planejar, mas simplesmente para ser. Eles querem estar juntos em silêncio. Querem sintetizar, integrar-se, redescobrir-se numa unidade de pensamento, vontade, compreensão e amor para além das palavras, para além da análise, até mesmo para além do pensamento consciente. Querem rezar, não com os lábios, mas com seus corações silenciosos e, além disso, com a própria base de seu ser (Merton, 2004a, p. 40).

Tanto a Meditação Cristã como a Oração Centrante usam uma fórmula de apoio para suas práticas: a primeira usa a palavra *Maranatha*; a segunda recomenda o uso de uma "palavra sagrada" ou uma "palavra de amor" como símbolo de intenção e consentimento de estar na presença de Deus, cabendo ao praticante retornar a essa palavra toda vez que pensamentos surgirem em sua mente. Shannon (1996), que usa uma nomenclatura própria, oração da consciência[34], vai por um caminho semelhante. Essa oração, ele explica, não requer fazer nada especial. Simplesmente consiste em passar um tempo na presença de Deus em silêncio e sem palavras, embora a pessoa, se assim necessitar, pode fazer uso de uma palavra ocasional para ajudar a preservar sua atenção.

---

34. Consciência (*awareness*) aqui não é empregada no sentido de sinônimo de pensamento. Shannon, no verbete sobre Awareness, no *The Thomas Merton Encyclopedia*, diz: "Pensar tende a dividir: implica um sujeito pensando e um objeto que é pensado. Consciência, por outro lado, reduz a distância entre mim e aquilo do qual estou consciente. Um profundo senso de consciência atenta fecha o intervalo entre mim e aquilo do qual estou consciente. Traz junto e une. De fato, numa profunda experiência de consciência atenta, a dicotomia entre sujeito-objeto desaparece". Em outra obra, *Seeds of peace: Contemplation and non-violence* (1996, p. 52 e 54), ele aplica esse conceito a nossa relação com Deus: "há uma grande diferença entre pensar sobre a presença de Deus e estar consciente de Sua presença. Pensar sobre Deus transforma Deus num objeto e assim cria a dicotomia de um sujeito se referindo a um objeto e levando-o ao dualismo. Consciência, por outro lado, transcende essa dicotomia, conforme nossa subjetividade se torna uma com a subjetividade de Deus".

Merton parece ter feito uso desse conceito com uma apropriação muito singular. Em carta para a Irmã Thérèse Lentfoehr, ele revela: "A maioria das minhas próprias orações são completamente desarticuladas. Eu ando por aí dizendo 'Amor!'" (Daggy, 1989, p. 196). Essa economia de palavras é um ponto a ser muito considerado no progresso da vida de oração. Embora seja fato que Merton não procurasse direcionar seus noviços para um tipo específico de prática orante, Shannon (1996) conta que ele os desencorajava a passar muito tempo no pensamento discursivo.

Mas, por mais bem intencionada que venha a ser nossa dedicação à "contemplação pré-experiencial", é importante lembrar que os esforços de solidão e quietude interior não são o objetivo em si. Quem se satisfaz nesse estágio pode estar apenas em busca de relaxamento, autoaprimoramento ou disciplina mental, os quais, embora possam trazer evidentes benefícios, destoam da perspectiva cristã, cuja meta é sempre Deus. Ainda que sejam expressões de bem-estar, são experiências limitadas e que podem, inclusive, levar a um reforço egóico. "Estejam ou não associadas a nosso próprio esforço", observa Merton (2007, p. 102), "todas as formas de contemplação tendem para um contato experiencial e misterioso com Deus, além dos sentidos e, de algum modo, além dos conceitos".

Tudo feito até aqui converge na preparação de um ambiente interno e externo que viabilize esse encontro, o que justifica fazer algumas considerações, ainda que breves, sobre a contemplação pura, ou infusa.

Oração contemplativa: a contemplação infusa

Embora Merton sempre insista em afirmar que a contemplação infusa não é atingível por meio de um processo do tipo 'passo a passo', e que na maior parte das vezes em que adentramos na oração contemplativa não temos consciência do que está ocorrendo em meio à quietude e silêncio, uma operação invisível está acontecendo em nós: cada contemplativo está sujeito a uma delicada intervenção realizada pelo Amor Divino em seu mais profundo interior. Por isso, Merton (2007) recomenda: não fiquemos ansiosos sobre nossos avanços nos caminhos da oração, pois o caminho conhecido foi abandonado e o caminho agora não pode ser mapeado. Então, diz ele, deixemos que Deus cuide de nosso grau de santidade e contemplação. Resta-nos apenas purificar ainda mais nosso amor a Deus e nos abandonar mais perfeitamente à sua vontade com confiança total e incondicional.

Ele chama a atenção para um fenômeno curioso para o qual todos devemos estar atentos: ao longo de um esforço perseverante na passividade da contemplação pré-existencial, começaremos a perder um pouco da capacidade de rezar e meditar, e vamos nos dando conta de que não somos tão virtuosos como acreditávamos ser. Por ainda nos identificarmos com o nosso falso eu, passamos a nos perceber como pessoas más, hipócritas e desprezíveis e, ao invés de nos sentirmos bem, registramos desconforto e mal-estar. Merton explica que a proximidade com nosso verdadeiro eu nos faz intuir o contraste com o falso eu e com tantos valores desnecessários que regem nossas vidas e nos serviram de muletas por tanto tempo. É importante, nesses momentos de crise, deserto e escuridão, típicos dessa experiência, que façamos um enfrentamento corajoso e tenhamos a consciência de que sensações de desgosto e desencanto representam registros de uma nova sensibilidade que não se coaduna com muitas de nossas construções pessoais e, ao contrário, se afinam com as novas realidades internas que estamos a descortinar e que ainda estamos a tatear.

Merton, na obra *Ascensão para a Verdade* (1958), apoia-se em São Gregório de Nissa para insistir nesse entendimento:

Segundo São Gregório de Nissa, a vida espiritual é uma jornada de uma luz que é escuridão para uma escuridão que é luz. A subida da falsidade para a Verdade começa quando a falsa luz do erro (que é trevas) é substituída pela verdadeira, mas insuficiente, luz da elementar a ainda muito humana noção de Deus. Então, esta luz deve ser "escurecida" no sentido que a mente deve se afastar das "aparências" sensíveis e procurar Deus naquelas coisas invisíveis que só a inteligência pode apreender: isto é chamado de "theoria", uma forma intelectual de contemplação. Este "escurecimento" dos sentidos é uma "nuvem" na qual a alma se acostuma a caminhar cega, sem se apoiar nas aparências das coisas que mudam. Antes que o espírito possa ver o Deus vivo, ele deve ser cego mesmo para as mais altas percepções e julgamentos da sua inteligência natural. Mas esta escuridão é pura luz porque é a Luz infinita do próprio Deus. E porque esta Luz é infinita, ela é escuridão para nossas mentes finitas (Merton, 1999, p. 50).

Numa comparação imperfeita, embora útil, trata-se de algo como a necessidade de desaprender para aprender certo. Uma pessoa pode ter aprendido a nadar intuitivamente e por meio de experimentações livres com amigos. Quando resolve aprender a técnica, é obrigada a deixar de lado a memória motora que a guiava durante o nado e esforçar-se para adotar a movimentação correta. Num primeiro momento, sentirá dificuldades, desconforto e beberá alguns goles d'água, mas se insistir conseguirá criar um novo condicionamento nos movimentos e passará a nadar na harmonia da técnica. Esse momento de transição em que ainda não sabe nadar corretamente, mas ao mesmo tempo não usa mais os movimentos corporais que aprendera de forma experiencial, é um momento de incômodo, angústia e incertezas sobre o interesse no seguimento de seu objetivo. Embora esta seja uma metáfora que não expressa a radicalidade da experiência espiritual sobre a qual estamos nos debruçando, a comparação serve para sinalizar que o caminho do peregrino é árduo e que mal-estar e desprazer podem ser companheiros de viagem de longa duração. A busca do verdadeiro eu não deve ser norteada por uma curiosidade antropológica nem consistir no simples interesse de compreender um recorte teórico do pensamento de Merton: é um compromisso com o progresso da vida espiritual e com o despertar da realidade interior a partir de uma relação profunda com Deus – ainda que isso implique superar muitas noites escuras da alma e suportar diferentes formas de mal-estar.

Um último apontamento sobre a contemplação infusa: Merton (2007), reflete que seu processo "nos assemelha e conforma a Deus, para que nos tornemos capazes de experimentá-lo misticamente em nosso eu mais profundo". Ele se utiliza de um texto do místico renano e dominicano John Tauler para descrever belamente essa experiência:

> Assim o homem, com todas as suas faculdades e também com sua alma, entra no templo (seu eu interior) no qual, em toda a verdade, ele encontra Deus habitando e operando. O homem então vem a experimentar Deus, não ao modo dos sentidos ou ao modo da razão, ou como algo que se entende ou lê... mas ele o saboreia, e goza dele como algo que nasce da "raiz" da alma como se de sua origem mesma, ou como de uma fonte, como algo que não foi levado até lá, pois uma fonte é melhor que uma cisterna. A água das cisternas fica estagnada e se evapora, mas a água da fonte flui, jorra e corre: é autêntica e não tomada de empréstimo. É doce (Merton, 2007, p. 22).

Embora Tauler esteja falando num sentido figurado quando diz que o contemplativo "entra em seu templo", é útil pensarmos, ainda que metaforicamente, num "local de encontro" com Deus e o verdadeiro eu. Podemos, então, substituir a imagem de templo por uma categoria mertoniana – *le point vierge*, ou ponto virgem.

O ponto virgem

Se quisermos pensar, como um exercício poético, numa perspectiva topológica para a união entre Deus e nós, existe um ponto de encontro entre o humano e o divino. Esse ponto, segundo Merton (2017) seria como o santuário de Deus, onde este é encontrado completamente em Sua misericórdia. Esse "centro de nós mesmos" é tratado pelo autor como um ponto virgem do espírito, imagem da qual se utilizou para referir-se a um espaço de originalidade de nosso ser que é intocado por nossas exterioridades.

Merton usou como ponto de partida para essa reflexão um pensamento de Louis Massignon, estudioso católico da cultura islâmica, referência no campo desses estudos e especialista no sufismo do século XX[35]. Como se deu essa articulação?

Merton havia ficado fascinado com a menção ao "ponto virgem" ao lê-lo em alguns textos de Massignon, entre eles um artigo num exemplar do periódico *Les Mardis of Dar es Sallam*[36]. Segundo Sidney H. Griffith (1990), em seu artigo sobre Merton e Massignon, o uso que este último faz do termo *le point vierge* tem suas raízes na psicologia mística do Islã, especialmente no pensamento de Al-Hallâj (místico sufista nascido no século IX na Pérsia) que diz: 'nossos corações são uma virgem que somente a verdade de Deus abre'. Esclarece Griffith (1990, p. 166):

---

35. Merton e Massignon nunca se conheceram pessoalmente, mas estabeleceram contato por carta no período de 1959 até a morte deste último, em 1962. Nos arquivos do Thomas Merton Studies Center existem quatorze cartas de Louis Massignon para Merton, escritas em inglês, e datadas de 3 de setembro de 1959 a 26 de abril de 1961. É Massignon quem estimula Abdul Aziz para escrever a Merton, tendo a correspondência destes iniciado em 1960 e se estendido até a morte de Merton, em 1968.

36. Les Mardis de Dar-es-Salam dá nome ao periódico editado por Massignon e publicado em Paris e Cairo. Em 1960, Massignon providenciou para que cópias fossem enviadas a Merton. O volume de 1958-1959 contém um artigo de Massignon que traz o termo "le point vierge".

para al-Hallâj e para Massignon, "a virgem" é o coração secreto mais íntimo (a s-sirr) – o subconsciente profundo de uma pessoa. É a este coração que se aplica o ditado de al-Hallâj: "Nossos corações, em seu segredo, são uma virgem sozinha, onde nenhum sonho de sonhador penetra... coração onde só a presença do Senhor penetra, para lá ser concebido. Se o coração mais íntimo é "a virgem", o outro termo na frase que estão investigando, "o ponto", nos remete ao "ponto primordial" (an-nuqtah al-asliyyah) sobre o qual al-Hallâj e outros místicos muçulmanos frequentemente falam. É o ponto apofático do profundo conhecimento místico de Deus. Então, o "ponto virgem", le point vierge, na linguagem de Massignon, é por analogia o último, irredutível e secreto centro do coração.

Nessa metáfora que Massignon desenvolve a partir de Al--Hallâj, o coração humano teria um núcleo recoberto por várias camadas concêntricas, porém intocado por elas. É "um ponto virgem" porque não importa o quão confusa nossas vidas possam se tornar, ele permanece intocado pelo mundo e suas contradições e intocado também por nosso ego e nossas ilusões. Exatamente por estar blindado às nossas paixões, é um ponto virgem, espécie de altar sagrado a partir do qual podemos encontrar com Deus e conosco em nossa singularidade divina.

A prática contemplativa pode, então, dar sua contribuição no sentido de fazer dessa exploração uma espécie de retorno à origem. Massignon, numa carta que escreve em 1940 para uma amiga, diz que é da ação da vontade de Deus em nós o retorno à nossa origem, como se entrássemos novamente no ventre de nossa Mãe para nascermos de novo e encontrarmos o ponto virgem (Griffith, 1990).

De Massignon chegamos a Merton, que em seu diário em 20 de setembro de 1965, traduz assim sua já clássica compreensão:

No centro de nosso ser existe um ponto como que vazio, intocado pelo pecado e pela ilusão, um ponto de pura verdade, um ponto, uma centelha, que pertence inteiramente a Deus, que nunca está à nossa disposição, do qual Deus dispõe para as nossas vidas, que é inacessível às fantasias da nossa própria mente, ou às brutalidades da nossa vontade. Esse pontinho "de nada" e de absoluta pobreza é a pura glória de Deus em nós (Merton, 1970, p. 183).

Para efeitos de síntese de até onde percorrermos até aqui, podemos dizer que buscar o verdadeiro eu implica buscar Deus. Chegar a Deus é chegar simultaneamente a Deus e ao verdadeiro eu. Esse duplo encontro (Deus e o verdadeiro eu) revela que a pessoa está diante de realidades sobrepostas: encontrando um, encontra-se outro. Tragicamente, porém, perdemos a nós mesmos tentando nos encontrar – não por conta da busca em si, mas pelos lugares em que buscamos – carreira, relacionamentos, prestígio, fortuna, poder. Aprendemos, porém, na perspectiva da espiritualidade contemplativa, que a busca que se requer é interior e remete a Deus no íntimo do coração, Deus oculto não porque existem ritos ou conhecimentos esotéricos em que devamos ser iniciados, mas porque o soterramos com desejos desordenados, idolatria, fetiches e expectativas irrealistas e ficamos incapazes de enxergá-lo. Merton, como mestre que adotamos para essa peregrinação, passou caminhos igualmente equivocados, caiu em armadilhas, experimentou radicalmente muitas ilusões, até fazer sua longa jornada, mergulhar na espiritualidade contemplativa e, a partir dela, buscar expressar seu verdadeiro eu a partir de cada pensamento e ato.

Apoiado em longa tradição de mestres da espiritualidade, ele nos ensina que, pela oração contemplativa, o dualismo e a alienação que impedem que vejamos a realidade como ela é são superados e a vida passa a ser compreendida de forma diferente, ainda que continuemos vivendo a mesma vida. É essa a experiência que ele, ao longo de toda a sua jornada procurou democratizar e estender aos seus leitores, religiosos ou leigos. É com otimismo que ele nos diz que, no fim da jornada de amor e fé, que nos leva ao mais profundo do nosso ser e, logo, em direção ao Criador, a vida mística culmina em uma experiência de Deus que transcende a tudo o que possamos esperar, e que só é possível porque a nossa alma foi transformada nele, tornando-nos, por assim dizer, "um só espírito" com Deus (Merton, 2007).

5
Para onde nos leva o verdadeiro eu

O despertar do verdadeiro eu marca o fim do dualismo, pois o verdadeiro eu é a minha própria subjetividade de Deus. A minha experiência de Deus é uma experiência de dependência total e radical de Deus, mas ao mesmo tempo uma experiência do Deus de quem sou tão total e radicalmente dependente. (Shannon, 2002, p. 419).

Introdução

Se concebermos o encontro com o verdadeiro eu como uma aventura voltada exclusivamente para o usufruto pessoal ou apenas um estágio mais aprimorado de autoconhecimento e autorrealização, estamos distantes da teologia do verdadeiro eu. Uma lei da vida contemplativa, segundo Merton (2007), é que, se você entra nela com o propósito de buscar a contemplação ou, pior ainda, a felicidade, você não vai encontrar nenhuma das duas coisas, pois nenhuma delas pode ser encontrada se a ambas não renunciarmos de algum modo.

De nada terá adiantado o trabalho interno realizado até então (empenho para não nos confundirmos com nossa persona, busca de integração de nossa própria sombra, esforços para enfraquecermos as pressões do superego e das expectativas sociais, abandono das ilusões de poder e controle, trabalho mental para nos sobrepormos às fantasias de autoestima e autorrealização, desapego de questões subjetivas e de coisas materiais, silêncio, solidão e aprofundamento da vida de oração) se mantivermos no centro de nossa busca um fetiche por resultados. Merton (1972, p. 163) nos chama a atenção para o fato de que "um método de meditação ou uma forma de contemplação que produz apenas a ilusão de ter 'chegado a algum lugar', de termos alcançado segurança, de havermos preservado a posição com a qual estamos familiarizados, de representar um papel, terá que ser corrigido", pois do contrário "viveremos 'vidas boas' que serão basicamente inautênticas". "O que eu quero é ser feliz", como diz a canção, não pertence a esse ambiente. Merton (1962) reflete que seria desonesto dizer que a felicidade pode ser encontrada em algum lugar da chamada vida contemplativa, e se alguém estiver fixado na busca da felicidade, é melhor desistir dessa via. Para ele, quem anda em busca de felicidade é o falso eu, pois o eu espiritual e contemplativo não busca realização; antes, está contente em ser; e em seu ser ele se realiza, pois está enraizado em Deus (Merton, 2007).

A peregrinação que se fez até aqui, portanto, longe de ser uma aventura narcísica e de preservação do *status quo*, é uma jornada de cura e transformação que se aproxima da metáfora paulina da transição de homem velho para homem novo, ou, no jargão de Jesus, do vinho novo em odres novos. Alguns sintomas fazem parte desse estágio:

- a busca de nosso verdadeiro eu nos leva, paradoxalmente, a alguém estranho à imagem que cultivamos e alimentamos sobre nós mesmos, já que o que conhecíamos sobre nós era um semblante alicerçado em construções humanas (o homem como criador de si mesmo e de outros);

- nossa relação com Deus também transita por uma virada de propósitos. Passamos a estabelecer uma interação em que a oração passa a ser muito menos uma ocasião para pedirmos coisas que queremos de Deus e muito mais uma escuta atenta para ouvir e atender ao que Deus quer de nós.

• damo-nos conta de que a abertura para o verdadeiro eu não é um fechamento para os outros. Ao contrário, a contemplação, conforme afirma Merton e todos os que o estudam, leva à ação, e isso implica um reposicionamento sobre nossa forma de estar e interagir no mundo.

Este capítulo objetiva explorar brevemente nosso processo de mudança quando o verdadeiro eu passa a atuar como centro de nossas decisões, e demonstrar como isso influencia e cria uma nova forma de nos relacionarmos com os outros de modo geral.

Nascer de novo

Já foi dito aqui que aquele que começa a jornada não é a mesma pessoa que chega ao fim dela. Alguém deve morrer para que outrem assuma a condução da vida. Esse alguém que deve vir a óbito, já sabemos bem, é o velho eu. Trata-se de um princípio congruente com a lógica cristã, que compreende a morte como passo anterior à ressurreição. Merton (2004a) procura traduzir essa experiência explicando que tem início o aprofundamento da nova vida, um renascimento contínuo em que o eu-ego e a vida exterior são descartados como a pele antiga de uma serpente, e o eu invisível do Espírito fica mais presente e ativo. Em sua visão (2004a), esse nascer de novo representa uma grande transformação, pois a pessoa liberta-se do egoísmo e não apenas cresce no amor como **torna-se** amor. Isso alcança o seu fim – a perfeição – quando todo o egoísmo vai embora, incluindo o eu-ego, e fica apenas Cristo, agindo em puro amor.

Merton não deixa de insistir no quanto a contemplação tem seu efeito sobre esse estado de espírito. Fora a contemplação, segundo ele, somente a morte teria o condão de agregação de uma nova consciência e de absoluta docilidade aos impulsos do Espírito. Afinal, tanto na contemplação como na morte, somos capazes de agir em grau mais alto de liberdade, sem os condicionamentos ou obediência às pessoas de nosso relacionamento e ao contexto em que vivemos. Após a morte (e também pela via da contemplação), ficam para trás as referências identitárias, as ilusões e os objetos que tanto nos cativavam e fixavam a atenção e o afeto, deixando espaço para confrontarmos nosso vazio e nossa verdadeira identidade. Na morte e na contemplação nos damos conta de que sempre estivemos em Deus, e nos deparamos com a surpreendente verdade de que sempre estivemos no Paraíso (Shannon, 2002).

Nesse sentido, a contemplação é, como diz Merton, uma espécie de visão espiritual, pois passamos a viver a mesma vida, porém com outra forma de apreensão e compreensão das coisas. Shannon (2002) observa que esse processo de renascimento não é um evento único, mas uma dinâmica contínua de renovação interior. Isso significa que o verdadeiro eu, conforme criado por Deus, e ao mesmo tempo uma centelha divina a ser desenvolvida, acontece na história e como tal se plenifica no exercício dos fatos comuns do cotidiano. Segundo nos ensina Merton, em todas as situações da vida estaremos diante da vontade de Deus, não apenas como um ditame impessoal de uma lei externa, mas sobretudo como um convite. O amor de Deus nos procura em cada situação, e, em todos os acontecimentos, nosso desejo e alegria deverão se resumir a refletir: "aqui está o que Deus quis para mim". Por isso, o verdadeiro eu, segundo Merton, não tem projetos e não está preocupado com realizações. Ao contrário, deseja somente estar em movimento contínuo de acordo com as decisões da liberdade superior de Deus (Merton, 2007).

Mais uma vez: a vida contemplativa não muda nossa realidade objetiva, não traz glamour nem torna o cotidiano espetacular – assim como não o foi a vida do próprio Merton. Finley (1992) traduz bem essa premissa ao comentar que a vida de nosso autor foi uma vida pobre, como todas as vidas solitárias devem ser. Ele nem sempre queria sair da cama, comia, trabalhava, caminhava na floresta, orava, sentia frio no inverno e calor no verão. Mas é disso que se trata o verdadeiro eu – o eu comum, pobre, com Deus presente em nossa presença simples na vida. É a vida cotidiana, conforme observa a monja beneditina norte-americana Joan Chittister, que fornece o tecido para a verdadeira santidade.

Essa perspectiva também é importante por outra razão: vermos a contemplação como um continuum dinâmico que se aprofunda na história de cada contemplativo. "Como eu estava enganado ao fazer da contemplação uma simples parte da vida humana", refletiu Merton. "Para um contemplativo, toda sua vida é contemplação" (Cunningham, 1996, p. 303). Contemplação implica **a vivência** de uma vida contemplativa, ou seja, é uma forma de se relacionar com o mundo que abrange tudo aquilo com que interagimos. No prefácio que escreveu para a obra de Merton, *A experiência interior: notas sobre a contemplação* (2007), Shannon lembra que a contemplação não é um mero compartimento da existência, mas sim a via por excelência para que a pessoa possa integrar os diversos aspectos de sua vida e faça desta um todo coerente. Dito de outro modo, ainda que esse caminho não prometa nenhuma aventura emocionante nem uma existência incomum, em algum momento nos daremos conta de que ser e estar no mundo poderá apresentar outros contornos inesperados e surpreendentes. Shannon (1996) entende que após descobrirmos a nossa identidade em Deus, desenvolvemos uma visão mais exata da vida e de nossas prioridades. Estamos mais preparados para enfrentar questões que nos perturbavam. Nosso eu interior nos dá uma genuína consciência de liberdade, nos firmamos sobre nossos próprios pés e podemos decidir por nós mesmos e não a partir do olhar dos outros.

A própria relação que estabelecemos com a vida material é ressignificada. Merton (2007) entende que o contemplativo não deixa de conhecer os objetos exteriores, mas passa a não depender ou ser guiado por eles; consegue vê-los sob outra perspectiva, como algo neutro e vazio, e não como bens que deseja ou teme.

Essa forma diferenciada de enxergar o mundo ao redor traz consequências significativas, pois, segundo Merton (2007), implica deixar de ver os objetos como coisas a serem manipuladas em busca de prazer ou lucro e os enxergar de forma mais profunda e espiritual, não distorcidas por suposições ou preconceitos. Essa forma diferenciada de enxergar o mundo ao redor leva-nos a uma vida de reverência, espanto e silêncio diante do mistério.

Uma mudança profunda também pode ocorrer na relação que temos com as pessoas. Na contemplação, a relação eu-tu ou sujeito-objeto se esvazia, o que transforma essa experiência individual numa diferenciada abertura para o coletivo. Bonowitz (2015) dirá que, quanto mais somos um com Deus, mais estamos unidos uns com os outros, pois o silêncio da contemplação é uma profunda e rica unidade não apenas com Deus, mas com as pessoas. Nesse contexto, Merton (2017) reflete e diz que Cristo orou para que todos fossem Um, como Ele e Deus eram, na Unidade do Espírito Santo. Assim, quando nos tornamos aquilo para o qual nascemos, descobrimos não apenas que amamos com perfeição, mas que vivemos em Cristo, que Ele vive em nós e que todos somos Um nele.

Um entusiasta do pensamento de Thomas Merton, o já citado padre James Martin, observa que, conforme Merton seguiu aprofundando o encontro com seu verdadeiro eu, transformou-se numa pessoa mais humilde, expansiva, generosa e com mais abertura e empatia para com os outros. Ele confronta dois momentos distintos da vida do monge trapista. O primeiro episódio data de 1939, e descreve Merton olhando com certa ironia e desdém para uma multidão de visitantes que transitava em meio a uma exposição de pinturas, muitos sem condições sequer de pronunciar o nome dos artistas que produziram aquelas obras de arte.

Essa forma ácida de olhar para os outros muda completamente no segundo episódio lembrado pelo padre Martin. Corria o ano de 1958 e Merton se encontrava novamente no meio de uma multidão, desta vez em Louisville, esperando o sinal abrir. Subitamente teve uma epifania[37] e se deu conta de que amava todas aquelas pessoas desconhecidas que passavam anonimamente por ele, algo como se estivessem todas conectadas umas às outras. A narrativa do próprio Merton é a seguinte:

> Em Louisville, na esquina de Fourth e Walnut, no centro do bairro comercial, fiquei subitamente submerso pela compreensão de que eu amava toda aquela gente, que eram todos meus e eu deles. E, ainda, que não podíamos estar alienados um do outro, embora sejamos totalmente estranhos. Era como se acordando de um sonho de separação, de espúrio auto-isolacionismo num mundo especial de renúncia e de suposta santidade. [...] Este sentido de libertação de uma diferença ilusória proporcionou-me tal alívio e tanta alegria que quase ri alto. E creio que minha felicidade teria podido ser formulada em palavras: "Graças a Deus, graças a Deus que sou como os outros homens, que sou apenas um homem entre outros". Pensar que, há dezesseis ou dezessete anos, levo a sério essa pura ilusão que está implícita em tamanha proporção em nosso pensamento monástico! [...] Sinto uma imensa alegria de ser homem, membro de uma raça na qual o próprio Deus se encarnou. Como se as dores e a estupidez da condição humana pudessem submergir-me, agora que tenho consciência daquilo que todos nós somos. E, se ao menos todos pudessem ter disso consciência!

---

37. Retoma-se aqui a narrativa das chamadas cinco epifanias (Waldron, 2002), iniciada no capítulo 1.

Porém não pode ser explicado. Não há nenhum meio de dizer às pessoas que elas estão todas brilhando como sóis. [...] Aconteceu, então, subitamente, como se eu visse a secreta beleza de seus corações, a profundeza de seus corações onde nem o pecado, nem o desejo, nem o autoconhecimento podem penetrar. Isto é, o cerne da realidade de cada um, da pessoa de cada um aos olhos de Deus. Se ao menos todos eles pudessem ver-se como realmente são. Se ao menos pudéssemos ver-nos uns aos outros deste modo, sempre. Não haveria mais guerra, nem ódio, nem crueldade, nem ganância... Suponho que o grande problema é que cairíamos todos de joelhos, adorando-nos uns aos outros. Isto, porém, não pode ser visto, só pode ser acreditado e "compreendido" por um dom peculiar (Merton, 1970, p. 181-183).

Martin (2005) observa que o Merton que anos antes havia estado à parte da multidão, se encontrava agora no meio dela, amando-a, com mais sabedoria e também com mais compaixão. Bertelli (2008) faz o mesmo destaque, compreendendo que Merton sentiu claramente a sua "conversão" e despertou para a compaixão quando percebeu que as pessoas anônimas ao seu redor faziam parte constitutiva de sua vida e que tudo estava interligado com tudo.

O que esse episódio também sugere é que o amadurecimento de Merton, caracterizado por uma maior presença encarnada de seu verdadeiro eu, trazia para si uma nova forma de ver seu próximo e, em última análise, de amá-lo incondicionalmente. Finley (1992) defende que a visão do verdadeiro eu que queremos um dia alcançar é uma visão que vai além da polaridade e da divisão. Ao encontrarmos Deus, encontramos a nós mesmos, mas também encontramos os outros. Descobrimos que não há outros "do lado de fora", mas apenas a Pessoa na unidade do amor perfeito com Deus.

É significativo que a experiência em Louisville tenha acontecido na forma de uma surpresa: no momento inesperado, no lugar inesperado, em meio a pessoas que Merton não esperava. Shannon (1987) chama a atenção para o fato de que o episódio não ocorre em sua cela monástica ou na igreja monástica, nem mesmo na floresta no terreno do mosteiro, mas no centro de um distrito comercial, numa rua cheia de gente. Isso faz pensar no quanto Deus cria possibilidades que independem de uma ambientação ou de um preparo prévio, proporcionando experiências poderosas em momentos de rotina, no tecido do cotidiano e contra todas as expectativas. Por isso, refletindo sobre contemplação, Merton (2007) mesmo diz: ela simplesmente surge e pronto, está ali.

Ele faz uma bela síntese dessa experiência em sua obra *O homem novo* (2006, p. 62-63):

> É bastante normal que a pessoa, que entra em contato espiritual e íntimo com Deus, sinta-se inteiramente mudada por dentro. Nosso espírito passa por uma conversão, metanoia, que reorienta todo o nosso ser, após elevá-lo a novo nível, parecendo inclusive transformar toda a nossa natureza. É então que a "autorrealização" se torna uma consciência de que somos bem diferentes de nosso si-mesmo empírico normal. E, ao mesmo tempo, estamos vivamente conscientes do fato de que este novo modo de ser é verdadeiramente mais "normal" do que nossa existência habitual. [...] Percebemos que somos mais verdadeiramente humanos quando elevados ao nível do divino. Nós nos transcendemos, nós nos vemos em nova luz, esquecemos a nós mesmos, não nos enxergamos a nós mas a Deus. E, assim, num único ato, realizamos o duplo movimento de entrar em nós mesmos e sair de nós mesmos, o que nos leva de volta ao estado paradisíaco para o qual fomos originalmente criados".

Shannon (1987) bem resume essa discussão afirmando que a experiência contemplativa de Merton o ensinou que ninguém pode encontrar Deus afastado do resto da realidade e que, encontrando o Um, Merton encontrou os Muitos.

Contemplação e ação

> *O abade Lot foi ao encontro do abade José e disse: "Pai, conforme minha capacidade, sigo minhas poucas normas, meus poucos jejuns, minha oração, meditação e silêncio contemplativo; e, conforme minha capacidade, luto para limpar os pensamentos de meu coração. Agora, o que mais devo fazer?"*
> *O ancião levantou-se, estendeu seus braços ao céu e seus dedos pareciam dez lamparinas acesas. Ele disse: "Por que não se transforma completamente em fogo?"* (Merton, 2004b, p. 56).

Merton, após o episódio de Louisville, se vê mais atento para o mundo que deixara do lado de fora do Mosteiro e passa a se preocupar com questões sociais. Fica estabelecida, em sua vida, uma relação curiosa entre contemplação e ação. É ele mesmo (2007) quem observa: Cristo deixou claro que é preciso unir-se à vontade de Deus na ação para desenvolver uma percepção contemplativa dele.

Um ponto convergente na ótica de estudiosos de sua obra é a ideia de que não há dicotomia entre contemplação e ação, mas uma complementariedade necessária. Pereira (2014) sustenta com ênfase, em especial em sua tese de doutorado, o conceito de contemplação mertoniana encarnada no tempo e na história. Nessa linha de raciocínio, não há, na vida contemplativa, um ato de negação ou indiferença em relação ao mundo; antes, pelo contrário, subjaz a premissa de que, no encontro com o divino, a pessoa encontra o humano. Mergulhar em Deus expande os horizontes e o olhar amoroso ao outro em seu desamparo, o que implica confrontar os grandes problemas da civilização. O mesmo raciocínio vale para o despertar do verdadeiro eu. Merton (2007) caracteriza o despertar do eu interior como uma obra do amor, e não pode haver amor onde não há um 'outro' para se amar. E completa: não se desperta o 'Eu' mais profundo ao amar a Deus somente, mas ao amar também os outros homens.

Uma narrativa bíblica se alinha a essa compreensão: no episódio da Transfiguração, os apóstolos, extasiados no Monte Tabor por ver Jesus irradiando luz junto a Elias e Moisés, querem ali permanecer, mas Jesus os estimula a descer novamente a montanha e interagir com o mundo dos homens. Mal comparando, a contemplação não descola o sujeito da história, não o tira da vida cotidiana e não o isenta de, fortalecido por uma aproximação maior com Deus e com seu eu verdadeiro, agir e interagir no mundo, trabalhando silenciosamente e discretamente pela implantação do Reino. A articulação entre contemplação e ação propõe exatamente isso: adquirir robustez espiritual na solidão e na contemplação para fazer militância entre as pessoas e em gestos concretos. Como realça Pereira (2015), trata-se de uma espiritualidade encarnada, em que a experiência contemplativa funciona como o impulso para a ação profética. Sobre isso, Merton (2003) diz que contemplação e ação se desenvolvem juntas para se integrarem numa só Unidade, tornando-se dois aspectos da mesma coisa. Contemplação é caridade voltada para dentro, para sua fonte divina, e ação é caridade voltada para fora, para as pessoas. A contemplação é a nascente e a ação, a correnteza. O encontro com Deus no manancial da contemplação permite que a água viva flua em forma de correnteza em direção à sede humana.

O que é adentrar o ambiente de contemplação se alguém não escuta Deus nela? Afinal, pergunta Merton em carta a Daniel

Berrigan em 1963, o que é a vida contemplativa se alguém se torna desatento em relação aos direitos dos homens e mulheres e a verdade de Deus no mundo e em sua Igreja? (Shannon, 1987). Merton relata num artigo em *Cistercian Studies*, uma anedota sobre São Pacômio, conhecido como o fundador do monasticismo cenobita. Um eremita procurou o santo para conhecer a vontade de Deus. E Pacômio respondeu não uma, mas três vezes: 'A vontade de Deus é que você sirva os homens de maneira a levá-los a Ele!' (Bailey, 1975, p. 21). Bertelli (2008) traz a oportuna reflexão de que tanto o ativismo quanto a contemplação, isoladamente, são instrumentos imperfeitos de desenvolvimento da vida espiritual: a contemplação isolada pode ser alienante, da mesma forma que a ação sem espiritualidade pode ser apenas um ativismo estéril e estressante.

Por tudo isso, acompanhando a história de Merton, vemos que o homem que na década de 1940 havia deixado o mundo para dedicar-se à contemplação, "voltou" nos anos de 1960 a esse mesmo mundo – justamente porque havia se tornado um contemplativo. Embora tenha sido uma volta sem ter deixado Gethsemani, configurou-se num retorno por meio de um engajamento com as questões sociais do seu tempo e da história (Shannon, 1987). Merton, como monge, viveu uma vida intrinsicamente voltada para a contemplação, mas como escritor manteve-se intimamente ligado aos movimentos sociais. Sua vasta correspondência (algo em torno de 3.500 cartas destinadas a aproximadamente 1.000 destinatários diferentes, segundo Shannon) alcançou e influenciou inúmeras personalidades de seu tempo, assim como seus livros trataram de temas sociais como violência, ecologia, justiça social e formas de enfrentamento às opressões de uma forma não violenta. Com o olhar voltado para dentro e para fora, ele pôde acompanhar com atenção novas publicações sobre psicanálise, política e literatura e empreendeu intenso diálogo com intelectuais, religiosos e leigos.

Nos seus últimos anos de sua história viveu como um eremita, mas talvez nunca tenha estado tão inserido no mundo como nessa fase.

De certa forma, o pequeno conto citado na abertura deste capítulo, que relata o diálogo entre os abades Lot e José, resume tudo isso. De início, houve a preocupação de interiorização: jejuns, oração, meditação, contemplação. E agora?, pergunta Lot. O que devo fazer?

"Por que não se transforma completamente em fogo?, responde o abade José. Sua pergunta bem evoca Santa Catarina de Sena, que em uma carta ao discípulo Estêvão Maconi, diz: "Se você for o que deveria ser, incendiará toda a Itália..." (Scudder, 2004, p. 122).

Pois é disso que se trata. Encontrar nosso verdadeiro eu, entrarmos em íntima comunhão com Deus, são passos que nos devolvem ao mundo como chama, para queimar lógicas egoístas e excludentes e contribuir no desenvolvimento do Reino. O velho José ecoa Jesus: "Eu vim para trazer fogo sobre a terra e como gostaria que já estivesse em chamas!" (Lc 12,49).

Fim
Um ponto de chegada que não delimita um fim, mas o início de uma nova aventura

> *Ele se tornou um guia espiritual sem paralelos, um místico, um escritor cheio de uma prosa graciosa e poemas assombrosos, uma inspiração para milhões, um profeta contemporâneo que trouxe credibilidade à não violência, que tornou possível a objeção consciente, e o protesto social um caminho espiritual, mesmo para os contemplativos* (Padovano, 1995, p. 31).

Introdução

Neste último capítulo, apresentamos alguns fragmentos finais da vida de Merton, buscando acompanhar a fase derradeira de sua vida, marcada pela maturidade de seus anos de vida monástica. Veremos que ele, a despeito de inúmeras montanhas escaladas corajosamente, manteve-se sempre em movimento, questionando-se constantemente sobre as decisões e os rumos de sua vida e buscando farejar os planos de Deus para seus próximos anos. É um Merton que ainda comete atos precipitados ou que surpreendem a si próprio, pois ora pensa em sair da Abadia de Gethsemani, ora entende que aquele é o seu lugar. A beleza disso é constatar que, mesmo num Merton que às vezes vacila ou se inquieta, encontramos lições para nossa própria peregrinação. Outra vez ele nos dá um testemunho importante, pois mostra que o final feliz e estático das novelas não acontece nesse mundo, e que estaremos sempre convivendo com desafios e – algumas vezes – fracassando neles.

Certamente essa realidade não o assustava. Num texto de 1959, quase dez anos antes de sua morte, ele já tinha arrumado isso em sua concepção de vida: "Abraçar a vida contemplativa não resolve problema algum: antes os cria. Não nos livra do medo e do sofrimento. Aumenta cem vezes o sentimento de nossa pobreza. Intensifica a consciência de que somos pecadores. Põe-nos face a face com tudo quanto é mais odioso em nós" (Merton, 1962, p. 53).

Essa perspectiva um tanto amarga revela a lucidez de quem compreende que viver é lutar, e que o encontro com Deus não é um anestésico, mas uma experiência que tira os véus de nossa ilusão sobre nós mesmos e nos mostra o quanto ainda precisamos avançar todos os dias. Ainda que a essa altura Merton já fosse um religioso maduro, movimentava-se numa experiência que fazia uma mistura de escuta e espera com inquietações e dúvidas. Essa experiência não parece com a nossa?

Talvez seja por isso, pelo fato de ter sido ele um homem que enfrentou com seriedade e honestidade sua incompletude, continue se mostrando tão contemporâneo. Ele, que nasceu na França, viveu na Inglaterra, mudou para os Estados Unidos, e que teve o mesmo domicílio por 27 anos em Gethsemani, continuou a sonhar, até seus últimos dias, com outras moradas e montanhas. Tudo isso nos toca profundamente, pois peregrinos que também somos, caminhamos entre a insegurança e o desamparo, nutrimos um sentimento de nostalgia por algo que se perdeu ou que esquecemos lá atrás, em algum lugar das nossas escolhas; ao mesmo tempo, lançamos o olhar para frente e tentamos discernir o que Deus nos reserva para hoje e para um futuro que ignoramos. Somos, no enigma, o nosso próprio ponto de interrogação. Estamos unidos a Merton no desconhecimento dos planos de Deus para nós e nos mesmos laços de uma busca que não cessa.

Então, acompanhemos os últimos passos da busca de nosso guia e peregrino.

A busca que não termina aqui

Em 1953, aos 48 anos de idade, Merton é autorizado por Dom James Fox, abade de Gethsemani, a fazer suas orações no isolamento de uma pequena construção que se encontrava sem uso nas proximidades da Abadia. Merton chamou essa casinha de St. Anne e ali passou a se retirar durante algumas horas do dia, não exclusivamente para orar e meditar, mas também para escrever seus textos. Seu entusiasmo diante desses momentos de liberdade é tal que ele registra em seu diário em fevereiro de 1953: "Eis o que estive procurando por toda a vida. Agora sei o que acontece a alguém que realmente encontrou o seu lugar no esquema das coisas" (Cunningham, 1996, p. 32).

Mas será a partir de 1965 e até sua morte aos 54 anos incompletos em 1968, que ele passará à vida de eremita integral, passando a residir numa pequena construção ali mesmo no bosque próximo à Abadia. Dedica seu eremitério à Nossa Senhora do Monte Carmelo e ali amadurece suas reflexões sobre contemplação. Não chega a levar uma vida de absoluta solidão, mas morar sozinho e isolado da dinâmica diária de Gethsemani viabiliza que ele aprofunde sua vivência de solidão e estabeleça uma maior abertura para a espiritualidade contemplativa. Foi uma fase de vida impregnada de frescor e alegria, pois ele parecia ter encontrado seu lugar no mundo, o que o levou a registrar em setembro de 1966: "Eu, Irmão Louis Merton, solenemente professo monge da Abadia de Nossa Senhora de Gethsemani, tendo completado um ano de provação na vida solitária, comprometo-me a passar o resto da minha vida em solidão, na medida em que minha saúde permitir" (Bailey, 1975, p. 114).

A despeito dessa fase de maturidade e de independência, sua vida continua sendo uma constante revisão do passado e uma preocupação diária para não cristalizar-se numa imagem fictícia. No mesmo ano de 1966 ele escreve que, trinta anos antes, por força da obra *A Montanha dos Sete Patamares*, ele mesmo transformara--se em um estereótipo do ser contemplativo que renega o mundo. O provável culpado disso era ele, e era necessário demolir aquela ficção conforme surgissem as oportunidades (Merton, 1975b).

Nesse sentido, Martin (2005) observa que, conforme nosso autor se aproximava da pessoa que Deus queria que ele fosse, continuou a meditar sobre que tipo de monge ele estava destinado a ser. O constante cuidado de desconstruir imagens cristalizadas e de não se acomodar a um lugar conquistado, nem a um círculo restrito de amizades e nem mesmo ao cristianismo católico, o acompanharia por toda a vida, levando-o a buscar no silêncio o que era esperado dele a partir de cada patamar que havia alcançado, permanentemente aberto a uma contínua conversão.

Nowen (1979) realça que, a despeito de seus esforços, Merton nunca deixou de sentir-se inquieto, e mesmo após anos de vida monástica sentia-se miserável, pecador culpado e sem qualquer projeto. Não por acaso, Merton se apresenta aos seus leitores como

> a voz de uma pessoa humana que se questiona, que, como todos os seus irmãos, luta para elucidar uma existência turbulenta, misteriosa, exigente, excitante, frustrante, e confusa em que, praticamente, nada é realmente previsível, em que a maioria das definições, explicações e justificações tornam-se inacreditáveis até mesmo antes de serem proferidas, na qual pessoas sofrem juntas e são, às vezes, de uma beleza sem par e outras, terrivelmente patéticas. Uma existência em que há muita coisa assustadora, em que quase tudo o que é público é, obviamente, falso e na qual há, ao mesmo tempo, uma base imensa de autenticidade pessoal que está tão patente e tão óbvia que ninguém consegue falar sobre ela e a maioria nem consegue acreditar que exista. Sou, em outras palavras, um homem no mundo moderno (Merton, 1975b, p. 145).

É interessante destacar esse movimento interno de Merton para que sempre pensemos no nosso encontro com o verdadeiro eu como **um ponto de partida** para o trabalho **que deve ser vivido como processo**, não como algo que se encontra e a partir do que não será mais necessário nenhum esforço. Para Rakoczy (2016, p. 5), "nunca há um momento claro na vida de alguém no qual se possa dizer 'agora eu vivo meu eu verdadeiro' [...], mas ao invés disso, o verdadeiro eu em Deus emerge lentamente ao longo dos anos". Essa pode ser considerada mais uma lição importante que nos traz a vida de Merton: esse teólogo do verdadeiro eu falou como ninguém de uma Palavra divina que funda o sujeito, mas, apesar disso, teve a humildade de perceber-se como uma frase inacabada, permanentemente recorrendo ao Criador para corrigir seus rumos e recusando-se a paralisar-se diante das próprias dúvidas. Para ele, toda a vida tende a crescer dessa forma, em mistério envolvido em paradoxo e contradição, ainda que centrado, no fundo do coração, na divina misericórdia. Ele nos conta que encontrou paz porque sempre foi um insatisfeito. Conseguiu transformar momentos de depressão e desespero em novidades e novos começos. A insatisfação que às vezes o preocupava no fundo o ajudou mover-se livremente e mesmo feliz com a corrente da vida (McDonnell, 1974).

Foi seguindo essa corrente que ele, no seu último ano de vida, visitou o Sri Lanka, e subitamente teve a última de suas epifanias, resposta divina a muitas e antigas perguntas. Era dezembro de 1968 e ele fazia sua tão sonhada viagem ao Oriente. Peregrinando por sítios religiosos, deparou-se com as gigantescas estátuas de Buda em Polonnaruwa e se viu súbita e inexplicavelmente arrebatado por elas.

> Fui invadido por uma torrente de alívio e de gratidão diante da pureza óbvia dos rostos, a limpidez e a fluidez da forma e da linha, o desenho dos corpos

monumentais integrados na forma de rocha e da paisagem, figura, rocha e árvore. [...] De repente, enquanto olhava essas figuras, fui completa e quase violentamente arrancado da maneira habitual e restrita de ver as coisas. E uma clareza interior, patente, como que explodindo das próprias pedras, tornou-se evidente e óbvia. [...] O certo, sobre isso tudo, é que não há enigma, não há problema e na realidade não há "mistério". Todos os problemas estão resolvidos e tudo está claro, simplesmente porque o que importa está claro. [...] tudo é vazio e tudo é compaixão. Nunca em minha vida tive um tal senso de beleza e de força espiritual fluindo juntas em uma iluminação estética. Com Mahabalipuram e Polonnaruwa, a minha peregrinação asiática de certo modo tornou-se clara e purificou-se. Quero dizer: sei e vi aquilo que eu obscuramente procurava (Merton, 1978, p. 181-182).

Este registro, escrito por Merton em seu diário a menos de uma semana de sua morte, curiosamente toca em pontos que ele já abordara quando da escrita de *A montanha dos sete patamares*, onde refletiu que podemos dizer que estamos sempre viajando sem saber para onde ir, mas também que já chegamos. Assim como nunca alcançaremos a posse perfeita de Deus nesta vida, já O temos em nós pela Sua graça e, por isso, já habitamos em absoluta luz (Merton, 1997). Na semana seguinte à sua última epifania, Merton morreria aos 54 anos incompletos, acidentalmente eletrocutado por um ventilador danificado em sua hospedagem, nas proximidades de Bangkok, onde ele participava de um congresso monástico inter-religioso.

Décadas após sua partida, quando hoje pensamos na existência extraordinária desse homem cheio de qualidades e dono de um histórico de vida incomum, fica claro que, se para ele a vida nunca deixou de navegar por dúvidas e questionamentos pessoais, nossas vidas também não serão fáceis. É preciso dizer sem demora que esta luta não termina no portão do mosteiro, como ele já dissera antes. Nunca terminou para ele, porque além dos sete patamares da montanha, outras montanhas sempre surgiram, uma mais desafiadora que a outra, e o mesmo vale para nós: enquanto estivermos na história estaremos sujeitos a nos perder de Deus e de nós mesmos.

Com razão Merton fala da profundidade de um conflito que está subjacente a toda conversão cristã, pois esta remete a uma libertação que não se baseia na aprovação social nem na alienação, mas no quão bem-sucedidos seremos em estabelecer uma relação com Deus, esse Deus que, apesar de simples, não nos é fácil.

Contemplativos, nós?

Chegando ao fim das reflexões deste texto, é mais do que hora de nos perguntarmos: afinal, o percurso de Merton nos incentiva ou desanima? Considerando o abismo que separa sua vida como religioso e a nossa enquanto leigos (ou mesmo de religiosos, com uma agenda paroquial cheia e uma vida tão ativa quanto a de um executivo de multinacional) sentimos estímulos para fazer nossa própria experiência contemplativa?

Embora Merton seja reconhecido como alguém que apostou na possibilidade de atravessar a prática da contemplação num "para-além" dos muros do mosteiro, ele mesmo tem consciência de que há "traduções" necessárias a serem feitas. Ele discute seriamente essa questão num capítulo essencial de *A experiência interior: Notas sobre a Contemplação*, ao qual ele chama de *Problemas da vida monástica*. Ali ele fala que nossa época não nos favorece à contemplação. Diferente das sociedades primitivas ou pré-industriais, em que, a seu ver, muitos grupos sociais estavam naturalmente orientados para a vida espiritual e contemplativa, a cultura pós-Revolução Industrial entrou num nível de sofisticação e apego à tecnologia que alienam as pessoas tanto em relação a si mesmas quanto em relação a Deus. Merton olha para o homem do nosso tempo, o chama de "burocrata tecnológico" e alega que sua formação vai num caminho contrário ao de um contemplativo. Se de um lado o contemplativo busca libertar-se de controles externos, purificar-se e desapegar-se de coisas materiais, sensuais e mesmo espirituais, o burocrata tecnológico perde-se em abstrações intelectuais, fantasias sensoriais, clichês políticos, sociais e econômicos. Se o homem antigo vivia uma vida mais lenta no campo, em contato com a natureza e as estações, se cultivava a terra e desenvolvia habilidades realmente ligadas às suas necessidades de sobrevivência, se praticava a conversação como uma arte para o encontro, o homem de hoje vive o oposto, uma existência agitada em áreas urbanas concretadas e apertadas, envolve-se em inúmeras atividades com as quais pouco se compromete ou aprofunda, e alterna conversas fragmentadas com a atenção nas novidades da TV. Não há tempo livre, diz Merton, não há espaço ocioso, não há despreocupação com as horas, fatores esses que a vida contemplativa requer.

Nosso cenário, portanto, não é o mais propício. Por outro lado, reflete nosso autor, nada se constrói nutrindo nostalgia pelo passado, e embora os tempos possam ter mudado, o ser humano será sempre imagem de Deus, capaz de aplicar seu amor e sua liberdade à contemplação. Contudo, alerta um Merton bem-humorado, aquele que estiver esperando por alguém que venha e, de mão beijada, o alimente com a vida contemplativa, vai ter de esperar um bom tempo. Ao contrário de permanecer frustrado, cada um deve sair de sua zona de conforto e enfrentar seus desafios. Se nosso modo antropológico de estar no mundo nos afasta da dimensão de transcendência com a qual fomos criados, alguns recuos precisam ser feitos, aliados a esforços importantes. Merton (2007) elenca alguns:

- Reduzir o contato com a vida social e as obrigações mundanas que envolvem prazer, conforto, recreação, prestígio e sucesso Abraçar uma vida espiritual de desapego e pobreza.

Se for possível, sair de grandes centros urbanos para morar no interior, mas, não sendo, buscar oportunidades regulares de contato com a natureza.

• Aprender a lidar com aquilo que povoa a rotina: o barulho, a agitação, a multidão, a falta de tempo e a mentalidade mundana, que nos cercam de todos os lados. Se necessário for, acordar mais cedo, às quatro ou cinco da manhã, quando a cidade ainda dorme, para experimentar algo da paz da solidão. Na mesma lógica, preferir as missas da manhã às da noite, por serem mais sóbrias e austeras.

• Ressignificar os domingos: ao invés de servirem para descansar, devem ser usufruídos como oportunidade para recolher os pensamentos, tomar distância da vida profissional e experimentar a paz que ultrapassa todo entendimento.

• Se somos leigos, devemos aceitar que nossa vida de oração será mais pobre, mas não menos dedicadas a Deus se cumprirmos com fidelidade nossos compromissos seculares como chefes de família, profissionais e cidadãos. Se somos casados, devemos testemunhar o mistério de Cristo no matrimônio, imprimindo um caráter específico de contemplação no exercício do amor conjugal.

Shannon (1997), que nos acompanhou até aqui, dá também suas contribuições por meio de duas sugestões:

• Manter vivo dentro de nós um sentido da imanência divina. Aprofundar nossa consciência da presença de Deus como fonte e base de tudo em todos os lugares e em qualquer realidade. Ao entrarmos em contato com a criação de Deus, devemos ter a consciência de que estamos entrando em contato com Deus.

• Construir comunidades, especialmente pequenas comunidades que nos permitam partilhar uns com os outros as nossas esperanças e sonhos, alegrias e tristezas.

Contemplando as sugestões de Merton e Shannon, como nos sentimos predispostos a fazer esse percurso? Seremos apenas pretensos místicos de classe média buscando chegar a Deus sem nos desligarmos de nossas conveniências, pessoas que se contentam em debater mística enquanto saboreiam seu vinho aquecidos no conforto do lar? Ou nos predispomos para o bom combate?

Qualquer que seja o tempo de decisão para cada um, é necessário levar conosco a certeza de que haverá sempre um desafio constante para garantirmos que nosso eu divino esteja no comando, assim como haverá sempre a necessidade de um esforço extraordinário para nos mantermos conscientes (aware) da presença de Deus em nós. Seja na inquietação visceral que levou o jovem Merton às portas do Gethsemani, ou seja na maturidade de um fugaz momento de encontro numinoso na Ásia, nossas vidas serão um constante jogo de esconde-esconde com Deus, ora achando-o, ora perdendo-o. Então, sejamos contemplativos, mas não percamos de vista que a inquietação continuará sendo nossa marca, pois o que realmente desejamos é um reencontro definitivo com Aquele que nos criou. Por ora, ainda que frequentemos as missas com vigor e atenção plena, ainda que interiorizemos a caridade que praticamos, ainda que lutemos contra nossas tentações de todos os dias e ainda que tenhamos nossos próprios momentos numinosos, estaremos em toda oração nos dirigindo a Ele de forma humilde e até certo ponto frustrada, dizendo-Lhe o que Merton tão bem traduziu numa poesia:

> Nem nas ruas, nem nas ruas brancas
> nem nos pórticos lotados
> te pegaremos em nossas palavras,
> ou te trancaremos nas lentes de nossas câmeras (Merton, 1977, p. 179).

Porque, no fim do dia, Deus será sempre mais do que poderemos compreender e sentir. Mas mesmo nisso há uma graça, pois precisamos às vezes nos perder dele para nos lembrar que precisamos reencontrá-lo, ainda que na imprecisão de nosso desconhecimento. E não devemos nos importar se, assim como foi para Merton, esse esforço nos tomar toda a vida. Afinal, retomando a mítica história de Adão, visitada por Merton (2007, p. 52-53), "o homem tem de retornar ao Paraíso. Tem de restabelecer a si mesmo, salvar sua dignidade, recuperar a razão perdida e retornar à sua verdadeira identidade". Cristo nos chama para que despertemos de nosso sono e retornemos de nosso exilio, voltando a esse santuário interior que é a casa paterna.

Pois não é disso que se trata ser cristão? Fazer nosso caminho de volta ao Pai, Origem e Fundamento de toda a existência, fonte de sentido e verdade, nosso mais íntimo manancial de vida e alegria? (Merton, 1962).

Adãos e Evas que somos, também erramos por caminhos incertos, damos as costas a Deus, O perdemos e nos perdemos de nós mesmos. Mas agora, fazendo um balanço de tudo e olhando para o peregrino que mora em nós, chegamos à conclusão de que, se era felicidade o que esse peregrino que nos habita procurava, ele acabou encontrando algo mais importante. Nas palavras de Merton (1963, p. 212), o peregrino "descobriu simplesmente o que significa ser um homem. E começou a compreender que aquilo que descobriu em si não é um luxo espiritual, mas uma responsabilidade difícil e humilhante; é a obrigação de ser espiritualmente maduro".

"Antes de nascermos, Deus nos conhecia", reflete Merton em *A montanha dos sete patamares* (1997, p. 493).

O tempo, agora, é de nos conhecermos também.

Referências

BAILEY, R. *Merton on mysticism*. Garden City: Doubleday, 1975.

BENNER, D.G. *O dom de ser você mesmo*: o chamado sagrado para a autodescoberta. São Paulo: Códex, 2004.

BERRY, N. *O sentimento de identidade*. São Paulo: Escuta, 1991.

BERTELLI, G.A. *Mística e compaixão*: a teologia do seguimento de Jesus em Thomas Merton. São Paulo: Paulinas, 2008.

Bíblia de Jerusalém. 2. ed. São Paulo: Paulus, 1985.

Bíblia Sagrada – Tradução oficial da CNBB. Brasília: Edições CNBB, 2018.

Bíblia Sagrada Ave-Maria, 24. ed. São Paulo: Editora Ave-Maria, 2016.

BINGEMER, M.C. (Org.). *Thomas Merton*: a clausura no centro do mundo. Petrópolis; Rio de Janeiro: Vozes; Puc-Rio, 2018.

BONOWITZ, B. Mastigando as novas sementes de contemplação. *In*: *Mertonianum 100*: comemoração do centenário de Thomas Merton. São Paulo: Riemma, 2015.

CARR, A.E. *A search for wisdom & spirit*: Thomas Merton's theology of the self. Notre Dame: University of Notre Dame Press, 1988.

CASSIANO, J. *Conferências 8 a 15*. Vol. II. Juiz de Fora: Subiaco, 2006.

CUNNINGHAM, L.S. (org.). *A search for solitude*: pursuing the monk's true life. The Journals of Thomas Merton (1952-1960). vol. III. Nova York: HarperSanFrancisco, 1996.

DAGGY, R.E. (org.). *The road to joy:* The letters of Thomas Merton to new and old friends. Nova York: Farrar, Straus, Giraux, 1989.

ELIA, L. O sujeito da psicanálise e a ordem social. *In*: ALTOÉ, S. (Org.). *Sujeito do direito, sujeito do* desejo – Direito e psicanálise. Rio de Janeiro: Revinter, 2004.

FARICY, R. Merton and mysticism of the mind. *The Merton Annual,* vol. 11, p. 138-147. 1998. Disponível em: https://merton.org/itms/annual/11/Faricy138-147.pdf

FINLEY, J.. *Merton's palace of nowhere*: a search for God through awareness of the true self. Indiana: Ave Maria, 1992.

FOREST, J. *Thomas Merton: viver com sabedoria.* [S.l.], 2018.

FRANCISCO. *Exortação apostólica Gaudete Et Exsultate* – Sobre o chamado à santidade no mundo atual. São Paulo: Paulus, 2018.

FREUD, S. *Psicologia de grupo e análise do ego.* Rio de Janeiro: Imago, 1976 [Edição Standard Brasileira das Obras psicológicas completas de Sigmund Freud, vol. XVIII].

GRIFFITH, S.H. Thomas Merton, Louis Massignon, and the challenge of Islam. *The Merton Annual,* vol. 3, p. 151-172, 1990. Disponível em: http://merton.org/itms/annual/3/Griffith151-172.pdf

GUIGO. *Carta de Dom Guigo, Cartuxo, ao Ir. Gervásio, sobre a vida contemplativa.* Disponível em: https://liturgiadashoras.online/carta-de-dom-guigo-cartuxo-ao-ir-gervasio-sobre-a-vida-contemplativa/

HART, P.; MONTALDO, J. *Merton na intimidade*: sua vida em seus diários. Rio de Janeiro: Fisus, 2001.

HORAN, D.P. *The Franciscan heart of Thomas Merton*: A new look at the spiritual inspiration of his life, thought, and writing. Indiana: Ave Maria, 2014.

INCHAUSTI, R. (org.). *Echoing silence:* on the vocation of writing. Boston; London: New Seeds, 2007.

INCHAUSTI, R. *Thomas Merton's american prophecy*. Nova York: University or New York Press, 1998.

ISMAEL, J.C. *Thomas Merton: o apóstolo da compaixão*. [S.l.]: T.A. Queiroz, 1984.

JUNG, C.G. *O desenvolvimento da personalidade*. Petrópolis: Vozes, 1981 [OC 17].

JUNG, C.G. *O Homem e seus símbolos*. Rio de Janeiro: Nova Fronteira, 1985.

JUNG, C.G. *Psicologia e religião*. Petrópolis: Vozes, 2013 [OC 11/1].

JUNG, C.G. *Tipos psicológicos*. Petrópolis: Vozes, 1991 [OC 6].

KILCOURSE, G. A shy wild deer: the "true self" in Thomas Merton's poetry. *The Merton Annual*, vol. 4, p. 97-109. 1991. Disponível em: http://merton.org/ITMS/Annual/4/Kilcourse97-109.pdf

LAGUNA, M.L.L. *Thomas Merton*: uma vida com horizonte. Aparecida: Santuário, 2010.

LOSSO, E.G.; BINGEMER, M.C.; PINHEIRO, M.R. *A mística e os místicos*. Petrópolis, RJ: Vozes, 2022.

MALITS, E. The meaning of the seven storey mountain. *The Merton Seasonal*, vol. 15, n. 1, p. 17-21, 1990. Disponível em: http://merton. org/ITMS/Seasonal/15/15-1Maltis.pdf

MARTIN, J. *Becoming who you are*: insights on the true self from Thomas Merton and other saints. Boston: HiddenSpring, 2005.

MAY, R. *O homem à procura de si mesmo*. Petrópolis: Vozes, 1978.

MCDONNEL, T.P. *A Thomas Merton reader*. [S.l.]: Image, 1974.

MERTON, T. A balanced life of prayer. *The Merton Annual*, vol. 8, p. 1-21, 1995. Disponível em: http://merton.org/itms/annual/08/Merton1-21.pdf

MERTON, T. *A experiência interior*: notas sobre a contemplação. São Paulo: Martins Fontes, 2007.

MERTON, T. *A montanha dos sete patamares*. Belo Horizonte: Itatiaia, 1997.

MERTON, T. *A oração contemplativa*. São Paulo: Ecclesiae, 2018.

MERTON, T. *A sabedoria do deserto*: Ditos dos Padres do Deserto do século IV. São Paulo: Martins Fontes, 2004b.

MERTON, T. *Águas de Siloé*. Belo Horizonte: Itatiaia, 1957.

MERTON, T. *Amor e vida*. São Paulo: Martins Fontes, 2004a.

MERTON, T. An elegy for Ernest Hemingway. *In*: MILOSZ, C. (org.). *A book of luminous things*: an international anthology of poetry. Nova York: Houghton Mifflin Harcourt, 1998.

MERTON, T. *Ascensão para a verdade*. Belo Horizonte: Itatiaia, 1999.

MERTON, T. *Contemplação num mundo de ação*. Petrópolis: Vozes, 1975b.

MERTON, T. *Diário secular de Thomas Merton*. Petrópolis: Vozes, 1961.

MERTON, T. *Espiritualidade, contemplação e paz*. Belo Horizonte: Itatiaia, 1962.

MERTON, T. *Homem algum é uma ilha*. Campinas, SP: Verus, 2003.

MERTON, T. *My arguments with the Gestapo*: a Macaronic Journal. Nova York: New Directions, 1969.

MERTON, T. *Novas sementes de contemplação*. Petrópolis: Vozes, 2017.

MERTON, T. *O diário da Ásia de Thomas Merton*. Belo Horizonte: Vega, 1978.

MERTON, T. *O homem novo*. Petrópolis: Vozes, 2006.

MERTON, T. *O signo de Jonas*. Rio de Janeiro: Mérito, 1954.

MERTON, T. *Poesia e contemplação*. Rio de Janeiro: Agir, 1972.

MERTON, T. *Que livro é este?* Belo Horizonte: Vega, 1975a.

MERTON, T. *Questões abertas*. Rio de Janeiro: Agir, 1963.

MERTON, T. *Raids on the unspeakable*. Nova York: New Directions, 1966.

MERTON, T. *Reflexões de um espectador culpado*. Petrópolis: Vozes, 1970.

MERTON, T. *Tempo e Liturgia*. Petrópolis: Vozes, 1968.

MERTON, T. *The collected poems of Thomas Merton*. Nova York: New Directions, 1977.

MESTRE ECKHART, *O livro da divina consolação e outros textos seletos*. Petrópolis: Vozes, 1991.

MESTRE ECKHART. *Sermões alemães*. Vol. 1. Petrópolis: Vozes, 2006.

MESTRE ECKHART. *Sobre o desprendimento*. São Paulo: Martins Fontes, 2004.

MONTALDO, J. (org.). *A year with Thomas Merton*: daily meditations from his Journals. Nova York: HarperCollins, 2004.

MONTALDO, J. (Org.). *Entering the Silence*: becoming a monk and a writer – The Journals of Thomas Merton (1941-1952). vol.2. Nova York: HarperSanFrancisco, 1996.

MOTT, M. *The seven mountains of Thomas Merton*. Nova York: Harvest, 1993.

NOWEN, H.J.M. *Oração pela vida*: o compromisso contemplativo de Thomas Merton. Rio de Janeiro: Agir, 1979.

O'CONNELL, P.F. (org.). *Thomas Merton*: early essays: 1947-1952 (Cistercian Studies). Collegeville: Liturgical Press, 2015 (e-Book).

ODORISIO, D. A conference on integration: praying from the heart. *The Merton Seasonal*, vol. 35, n. 1, p. 28-33, 2010.

ODORISIO, D. Rediscovering the true self through the life and writings of Thomas Merton. *The Merton Seasonal*, vol. 28, n.2, p. 13-23, 2003. Disponível em: http://merton.org/ITMS/Seasonal/28/28-2Odo risio.pdf

PADOVANO, A.T. *A retreat with Thomas Merton*: becoming who we are. Cincinatti: St. Anthony Messenger, 1995.

PEARSON, P.M. (org.). *Thomas Merton:* on Christian contemplation. Nova York: New Directions, 2012.

PENNINGTON, M.B. Thomas Merton and centering prayer. *In*: *Studia Mertoniana*: collected papers of the First Merton Conference in Poland. Lublin, out., p. 24-27, 2002. Disponível em: http://www.thomasmertonsociety.org/Studia2/Pennington.pdf

PENNINGTON, M.B. *True self, false self*: unmasking the spirit within. Nova York: Crossroad, 2000.

PEREIRA, S.C. Contemplação e vida. *In*: *Mertonianum 100*: comemoração do centenário de Thomas Merton. São Paulo: Riemma, 2015.

PEREIRA, S.C. *Thomas Merton*: contemplação no tempo e na história. São Paulo: Paulus, 2014.

PERISSÉ, N. Merton, Leitor de Freud e Jung. *Cadernos Teologia Pública*, ano XIX, vol. 20, n. 168, 2023. Disponível em: https://www. ihu.unisinos.br/images/stories/cadernos/teopublica/168cadernosteologiapublica.pdf.

RAKOCZY, S. Thomas Merton: the true self and the quest for justice. *HTS Teologiese Studies/Theological Studies*, 2016. Disponível em: https://hts.org.za/index.php/hts/article/view/3447/9096

RODRIGUES, J.A. *Thomas Merton*: uma elegia a Ernest Hemingway. *In*: *Blog do Carstorp*. Disponível em: https://blogdocastorp.blogspot.com/2019/05/thomas-merton-uma-elegia-ernest.html

SCUDDER, V.D. *Saint Catherine of Siena as seen in her letters*, 2004. Disponível em: http://www.domcentral.org/trad/cathletters.pdf

SHANNON, W.H. Can one be a contemplative in a technological society? *The Merton Seasonal*, vol. 22, n.1, p. 12-20, 1997. Disponível em: https://merton.org/ITMS/Seasonal/22/22-1Shannon.pdf

SHANNON, W.H. Original blessing: the gift of the true self. *The Way*, p. 37-46, 1990. Disponível em: http://www.theway.org.uk/back/30Shannon.pdf

SHANNON, W.H. *Seeds of Peace*: contemplation and nonviolence. Nova York: Crossroad, 1996.

SHANNON, W.H. *The hidden ground of love*: the letters of Thomas Merton on religious experience and social concerns. Nova York: Farrar, Straus and Giroux, 2011.

SHANNON, W.H. *Thomas Merton's dark path*: the inner experience of a contemplative. Nova York: Farrar, Straus and Giroux, 1987. (e-Book).

SHANNON, W.H.; BOCHEN, C.M.; O'CONNELL, P. F. *The Thomas Merton Encyclopedia*. Maryknoll: Orbis Books, 2002.

SOUZA E SILVA, M.E. *Thomas Merton: um homem que aprendeu a ser feliz*. Petrópolis: Vozes, 1997.

TEAHAN, J.F. Meditation and prayer in Merton's spirituality. *American Benedictine Review*, n. 30, 1979.

TEIXEIRA, F. *Malhas da mística cristã*. Curitiba: Appris, 2019.

WALDRON, R.G. *Walking with Thomas Merton*: discovering his poetry, essays, and journals. Nova York: Paulist, 2002.

WOLTER, A. "Scotus' early Oxford lecture on individuation". *In*: PERRY, M.A. *Response to Prof. Carmela Bianco*: Ultima solitudo: la 'comunionale incomunicabilità' della persona in Giovanni Duns Scoto. Disponível em: https://ofm.org/en/what-john-duns-scotus-can-contribute-to-our-world-today-closing-remarks-of-the-minister-general.html.

Conecte-se conosco:

f facebook.com/editoravozes

◎ @editoravozes

✕ @editora_vozes

▶ youtube.com/editoravozes

◯ +55 24 2233-9033

www.vozes.com.br

Conheça nossas lojas:

www.livrariavozes.com.br

Belo Horizonte – Brasília – Campinas – Cuiabá – Curitiba
Fortaleza – Juiz de Fora – Petrópolis – Recife – São Paulo

EDITORA VOZES LTDA.
Rua Frei Luís, 100 – Centro – Cep 25689-900 – Petrópolis, RJ
Tel.: (24) 2233-9000 – E-mail: vendas@vozes.com.br